北虹口

BEI HONGKOU　　　LISHI YU FENGJING

历史与风景

上海通志馆 主编

陈祖恩 著

学林出版社

目　录

前　言

本书是上海通志馆主持的上海地情普及系列丛书之一。

北虹口，主要指以鲁迅公园为中心的地域，亦1945年设立的北四川路区范围，即东起沙泾港，南沿横浜，西至北宝兴路、淞沪铁路，北抵广中路、水电路一线。开埠以前，这里是原上海、宝山两县交界处的乡野无名小河与农田，有自然村落。随着租界在虹口的设立及苏州河桥梁的架设和铁路的开筑，人口日增，渐成道路。

20世纪初，公共租界辟造虹口公园，又越界筑路，将北四川路（今四川北路）延伸到宝山县江湾乡金家库，并擅自修筑靶子路（今武进路）、江湾路及窦乐安路（今多伦路）、黄陆路（今黄渡路）、施高塔路（今山阴路）等，这个地区虽属于华界的闸北，但因有工部局的越界管理，又有日本势力的控制，政治环境非常复杂。用夏衍的话来说："也是日本人集中居住的地区，名义上是公共租界，实质上归日本人统治，这儿很少有白人巡捕，也没有印度'三道头'，当然，国民党警察也不能在这个地区巡逻。"

越界筑路地区的特殊性，使其成为左翼文人、革命文学青年的活动地区和文化战线反"围剿"的重要阵地。鲁迅先生在上海的最后十年在这里度过，并与许多文学青年结成友谊；在白色恐怖极端严重的情况下，中国左翼作家联盟在这里成立，成为中国革命文学史上的一座丰碑。

北虹口，既是上海城市的新兴地区，又有未开发的田野风光，还是学校的集结地，私立持志大学为众多大、中学校的一所。面对国难，教育宗旨有所变化，为复兴民族教育，为提倡生产教育。其文科教育主要是研究学术、陶冶性格，法

前

言

科教育声誉日升。江湾路公园坊，因闹中取静，适宜读书写文，吸引了一些现代派文人居住，成为上海著名的"文艺村"。

上海没有日本租界，只有日本人街，但北虹口在事实上被日本势力控制。虹口的日本人街由"吴淞路"和"北虹口"两部分组成。北虹口的日本人生活区，除了工部局建设的虹口公园和游泳池外，他们还依仗日本海军陆战队的所谓安全保护，配备私家花园、神社、学校、医院、书店等具有浓郁日本风情的文化生活设施。六三园的设立，改变了日本侨民在上海没有大型集会场地的历史，也是日本文化在上海的标志性场所；内山书店创设于1917年，是"追求光明的中国知识分子和青年学生了解世界的重要窗口，是联系中日友好和中日文化交流的桥梁"；福民医院，将中国人作为主要的治疗对象。《夜来香》首唱者李香兰，被利用愚弄成为日本侵华政策的工具，是"一个历史的牺牲者"。

1908年，新的日本人墓地在闸北设立，这主要是根据设立火葬场的计划而选择的。因火葬会产生异味，因此必须考虑到：既要融入日本人生活的虹口街区，也要避开居民集中的热闹都市；既要保证市民街区的空气干净，也要为日侨殡葬活动提供邻近的便利，所以选择在邻近虹口的闸北荒凉之地设立火葬场与墓地。

在动荡的20世纪30年代，特别是抗日战争时期，北虹口有阴谋与背叛，也有正义与邪恶的较量。臭名昭著的重光堂密约在这里签订，汪伪政权在此筹划组织，其头目的结局不是上绞刑架就是被枪决；傅筱庵投靠日本，当上伪市长，但在斧头下毙命；尹奉吉在虹口公园的一颗炸弹，炸死日本上海派遣军司令等人，重伤日本海军第三舰队司令，轰然一声，唤起民众坚决抗日；隐居在"花园里"的红色间谍尾崎秀实，为上海的日本共产党和日本进步人士的核心人物。解放战争时期，红色电波在上海淞沪警备司令部的大墙背后传播，表明共产党人的勇敢和智慧。

北虹口与闸北交界，特别是作为战略要地的八字桥，为两次淞沪抗战的爆发地、激战地。中国军队在"机械力"的军事对比面前所表现出的英勇不屈令世人瞩目，英国史摩莱少将说："从来没有看到过比中国'敢死队'最后保卫闸北更英勇、更壮烈的事了。"

地方志的价值不仅在于其对历史的记录，更在于其对现实的启示和对未来的展望。北虹口，那是怎样的一块土地？经历了怎样的风云岁月？以史为鉴，不可磨灭的是记忆和憧憬，近代虹口的地情变迁，为"育人资政"提供了新的视野。

北虹口：历史与风景
BEI HONGKOU: LISHI YU FENGJING

—

横浜路上的景云里

1928 年 3 月 16 日，鲁迅在景云里寓所

鲁迅故居的三条马路

LUXUN GUJU DE
SAN TIAO MALU

　　鲁迅的最后十年是在上海的虹口度过的，其三个故居分别位于横浜路、多伦路、山阴路，也都是在北虹口的区域内。

　　横浜路的景云里是鲁迅在上海的第一个故居。横浜路是 1915 年筑成的，因俞泾浦流经这一地段，习称横浜，路以浜名。景云里建于 1925 年，有三层砖木结构石库门式住宅 32 幢。这条位于"越界筑路"华界一侧的弄堂，没有卫生设施，也没有煤气，并不是上海中产阶级青睐的居所。鲁迅是在 1927 年 10 月 3 日来上海的，初在爱多亚路（今延安东路）的共和旅馆暂住。10 月 8 日，经周建人介绍，入住景云里 23 号，与许广平同居。此后先后移居 18 号、17 号。在景云里居住两年后，鲁迅的孩子周海婴在福民医院出生。"因为是在上海生的，是个婴儿，故名海婴。"

　　景云里属于华界的闸北，鲁迅在《弄堂生意古今谈》中写过："'薏米杏仁莲心粥！''玫瑰白糖伦教糕！''虾仁馄饨面！''五香茶叶蛋！'这是四五年前，闸北一带弄堂内外叫卖零食的声音，假使当时记录了下来，从早到夜，恐怕总可以有二三十样。""实在使我似的初到上海的乡下人，一听到就有馋涎欲滴之概。"这是

1933 年 9 月 13 日，鲁迅全家合影

很写实的景云里平民生活记录。

在景云里与鲁迅同期生活的，还有茅盾、冯雪峰、柔石等当时的文学青年。23 号的前门就斜对着茅盾住宅的后门，柔石曾与冯雪峰住在一起。

1930 年 5 月 12 日，经内山完造介绍，鲁迅移居多伦路口的拉摩斯公寓（今北川公寓）A 3 楼 4 室，有会客厅与两间卧室，设备齐全。这个公寓是英国人拉摩斯建造的，钢筋水泥四层建筑，算是当时的高级住宅。多伦路原名窦乐安路，位于北四川路北段与西北端之间，道路成 L 形，辟筑于 1912 年，以英国传教士窦乐安命名。拉摩斯公寓的地段虽好，但是，由于所居的正房朝北，海婴又从小体弱多

拉摩斯公寓

北 虹 口 : 历 史 与 风 景

千爱里

病，为孩子的身体健康，鲁迅夫妇并不打算在此长住。

山阴路是1911年辟筑的，当时以工部局总董、英国人施高塔的名字命名，有千爱里、恒丰里、花园里、东照里等许多新式里弄和花园住宅，路两旁行道树成荫，是幽静的住宅小区。1933年4月11日，也是内山完造，用书店职员名义租下大陆新村9号，供鲁迅居住。大陆新村是由大陆银行上海信托部投资，1931年建成的新式里弄，独门独户的三层住宅，建筑材料从欧美进口，煤气、卫生、冰箱俱全，是当时上海中产阶级富裕生活的象征。

大陆新村建造时，前面还有一块空地，1934年，大陆银行上海信托部又投资建造了二层半广式住宅43幢，名为"留青小筑"。

作家萧红说，弄堂里非常安静，一点声音都没有，"鲁迅先生家里五六间房子只住着五个人，三位是先生的全家，余下的二位是年老的女佣人"。

旁边的千爱里是日本房地产公司在1922年专为日侨营建的高级小区，外表是英式装饰，内部是日式结构，内山完造就住在千爱里3号。那时，大陆新村至千爱里之间没有围墙，鲁迅到内山完造的家里，走路几分钟就可到达。

从横浜路、多伦路到山阴路，正是

1933年夏，鲁迅与内山完造在千爱里合影

租界越界筑路地段,用夏衍的话来说:"也是日本人集中居住的地区,名义上是公共租界,实质上归日本人统治,这儿很少有白人巡捕,也没有印度'三道头',当然,国民党警察也不能在这个地区巡逻。"

左翼文人是以文学为武器的党的工作者,大部分是共产党员、共青团员,有的是同路人,很多是从前线和日本转移到上海的。在上海,他们除了办书店、编杂志、写文章以外,别无用武之地。虹口越界筑路地区的特殊性,令其成为左翼文人、革命文学青年的活动地区。20世纪二三十年代,无论是中国,还是在苏联、欧洲、日本,极左思潮泛滥。文学青年或多或少受到影响。夏衍也指出过:关于革命文学的论战,"年少气盛,写文章不讲分寸,欢喜讲一些尖刻的话,这是当时左翼文艺界的通病"。鲁迅也曾受到他们的指责。左联的成立,停止了文艺论战,革命文学开始四面出击,并涉入文化的诸多领域,如演剧、电影、美术等。

在虹口,鲁迅参加中共领导的"中国济难会",购读大量马列著作。与郁达夫合编《奔流》。与柔石等组织新文艺团体"朝花社",创办《朝花》《艺苑朝华》,编辑《近代世界短篇小说集》。与冯雪峰合编《萌芽》月刊,后成为左联机关刊物。1930年3月,发起成立"中国自由运动大同盟"和"中国左翼作家联盟",被推选为左联主席团成员、常务委员。在虹口,鲁迅也与许多文学青年结成友谊,如柔石、殷夫等。自此,鲁迅积极参与中国左翼文化活动,而虹口正是他活跃的土地。

鲁迅选择虹口,还有一个重要原因,即虹口拥有上海特殊的日本文化,这是留日学生在上海相对适应的生活环境。虹口的日本人街有吴淞路与北虹口之分,

一

吴淞路地区聚集一般的日本百姓，以商业著名，而北四川路横浜桥以北地区的北虹口，是日本人的高级住宅区，配备了学校、医院、书店、剧场、神社等具有浓厚日本民族风情的生活、文化设施。很多留日学生都选择在北虹口生活，鲁迅也不例外。例如，他看病的医院，都是虹口的日本人医院，如福民医院、石井医院、篠崎医院、须藤医院等。鲁迅在上海，很少去公园，但前往日本人白石六三郎经营的"六三园"，却有数次记载。

在北虹口，有一些从事文化交流的日本友好人士，其中的代表人物就是经营内山书店的内山完造先生。1927年10月5日，鲁迅抵达上海的第三天，就从共和旅馆来到北四川路魏盛里的内山书店购书"四种四本"，花费"十元二角"。入住景云里的当天下午，又去内山书店购书"三种四本"，花费"九元六角"。从首次购书到1936年逝世，他去内山书店500次以上。

不过，景云里是在横浜路上的，鲁迅先生强调"窦乐安路景云里"，也是很有用意的。横浜路在华界，窦乐安路是越界筑路地段，算是租界了。虹口两条交叉的马路，也有如此讲究。

鲁迅先生不仅是内山书店文艺漫谈会的常客，还经内山完造介绍，与日本研究者增田涉、作家佐藤春夫、横光利一、金子光晴、改造社社长山本实彦等相识，促进了中日文化交流。特别是与山本实彦的会面，促成鲁迅与改造社的直接合作。鲁迅向日本介绍一些中国现代文学作品，并作《"中国杰作小说"小引》。1936年6月，《改造》月刊开设"中国杰作小说"专栏，陆续发表鲁迅推荐的中国青年作家的作品。首篇发表的是萧军的小说《羊》。1937年该社出版《大鲁迅全集》。

　　鲁迅还与内山完造合作，举办"世界版画展览会""现代作家木刻画展览会""俄法书籍插画展览会"等，推动中国新兴木刻运动的发展。同时，他与内山完造在上海举办暑期木刻讲习班，这是我国现代第一个木刻技法讲习会。

　　从横浜路、多伦路到山阴路，我因上海日本人街的研究需要，20多年来，不知走过多少遍。那三条马路的街景与近百年前并没有多大的变化，景云里的住宅里依然没有卫生设备。山阴路作为高级住宅区的建筑依然存在。当年的鲁迅从横浜路的景云里移居到山阴路的大陆新村，是人们追求居住质量的本能反应。

　　漫步在这三条马路之间，特别是看到山阴路的日本人居住的建筑，常常会引起一些历史的思考。作为上海日本人街的重要象征之一的山阴路，无论是千爱里、东照里，还是花园里，其建筑的外表都是洋式的，寓意日本文化与上海国际都市的融合，但是，在其内部，却充满着"榻榻米"式的日本风格。"外洋内和"，日本明治以来的基本国策，在上海的日本人街得到充分显示。

　　在这里还可以看到一些改造，比如多伦路，街上有许多文化名人的雕像，但鲜有名人故居的保护。有关历史建筑的说明，简单而刻板，没有故事细节。历史街区的文化保护，要懂得历史文化，这样才能保护得更好。

鲁迅故居的

一

三条马路

大陆新村

北川公寓，原拉摩斯公寓

1934 年建成的福民医院大楼

顿宫宽的著作

福民医院：
周海婴出生地

1934 年建成的福民医院新大楼，高 7 层，曾是北四川路上最高的建筑。

福民医院的创设者是日本医生顿宫宽（1884—1974），其出生于香川县小豆郡小部村（今土庄町）的医师世家，祖父顿宫贞斋、父亲顿宫正平均以医业为生。受父辈影响，顿宫宽自小就有从医的志向。1909 年，从东京帝国大学医学部毕业，翌年，获医师资格证书（26214 号），入东京三井慈善病院外科医局工作。1912 年 3 月，在东京出版著作《薦（荐）骨及腰髓麻醉法》，7 月，就任东京日本医学专科学校（今日本医科大学）教授。1918 年春，应邀来中国，在湖北大冶中国最早的钢铁联合企业"汉冶萍煤铁厂矿公司"任医院院长。同年 10 月，获东京帝国大学医学部医学博士学位。

在大冶工作一年半后，开始与上海结缘。起因是 1919 年 9 月东京大学医学部的先辈、虹口佐佐木医院院长佐佐木金次郎在东京逝世，其在遗嘱中请求顿宫宽去上海继承。佐佐木金次郎（1869—1919），1869 年出生在秋田县由利郡，东京帝国大学医学部毕业，1901 年来沪。最初在乍浦路常盘旅馆投宿时开始医疗事务，后在武昌路仁德里开设佐佐木医院，不久又在文监师路（今塘沽路）和南浔路转

1923 年 8 月，顿宫宽的父亲访问梓园，右一为王一亭

角处增设佐佐木第二医院（1904 年关闭）。1905 年 9 月，佐佐木医院迁往北苏州路 37 号，佐佐木金次郎兼任内、外、眼科主任，还主持妇产科工作，最后医院迁往临近北四川路的靶子路 27 号。

1920 年 1 月，顿宫宽应约来到上海，就任佐佐木医院院长。1921 年 4 月，将医院移至北四川路 142 号（今四川北路 1878 号），改名"福民医院"。"福民医院"的名字是佐佐木金次郎的友人、上海商界名人王一亭起的。1923 年 8 月，顿宫宽的父亲访问王一亭位于南市的私邸梓园，王一亭还给他画了一幅肖像画。

1922 年 10 月，顿宫宽应上海南洋医学专门学校校长顾南群的邀请，出任名誉校长兼外科主任教授，主编《南洋医学》杂志。顾南群毕业于日本爱知县立医学专门学校，1918 年，基于卫生救国的理念，在上海山海关路开设南洋医院，两年后将医院移至南市黄家路，在山海关路医院原址开设南洋医学专门学校。该校的师资力量大多有留学日本的渊源，如教务长李定，千叶医专毕业；理学部教授夏建安，大阪医专毕业；教授吴宗庆，爱知医专毕业；外科教授孙孝宽，京都医大毕业。顿宫宽就任校长后，增聘教授，并资助 5000 余元，为添置设备及派员前往长崎参加中日教育成绩展览会的费用。1924 年下半年，南洋医学专门学校升级为南洋医科大学，依然聘顿宫宽为校长。该校毕业生陈人杰，经顿宫宽介绍到冈山医科大

早期的福民医院

学留学，归国后在福民医院任内科医师。

福民医院原来只有一幢3层的砖木结构建筑，后来由王一亭提供担保，花费40万元，经三年多时间的建造，于1934年12月建成地下1层、地上7层的钢筋水泥结构的新型医学大楼。大楼内配备电梯，病房设施充分考虑通风、采光、防音等条件，地下室有自备发电机和蓄水池。医院设外科、内科、泌尿科、小儿科、妇科、口腔科、眼科、耳鼻咽喉科、放射科等，配备技术精深的专科医生。1934年新大楼竣工时，挂牌的医师如下：

顿宫宽工作照

福民医院：

二

周海婴出生地

外科、整形科：顿宫宽博士（院长兼外科主任）

内科：松井胜冬博士（副院长兼内科主任）

小儿科：小原直躬博士（副院长兼小儿科主任）

妇科：高山章三博士（副院长兼产妇人科主任）

泌尿科：庄野英夫医学士（主任）

眼科：川井观二医学士（主任）

耳鼻咽喉科：关匡和博士（主任）

齿科：小林元隆博士（主任）

放射科：高桥淳三技师（主任）

药房：山本显药剂师（主任）

总护士长：木村辰

事务长：吉屋助次郎

新大楼建成后，福民医院精心制作了英文广告："福民医院是上海唯一的日本大医院，七层医学大楼，配备了来自美国、德国和日本最先进的医疗设备，使它成为远东地区杰出的医疗中心之一。尽管顿宫医生是一位日本人，但他的机构毫无疑问是国际化的，有中国医生和日本医生。护士团队也由中国人、日本人和欧洲人组成。顿宫医生希望他的医院不仅能在上海对抗疾病的斗争方面扮演重要角色，而且能加强生活在世界上最国际化大都市的人们之间的友谊。"广告还配图七幅：左图1：福民医院全貌和顿宫医生照片；左图2：X射线深度治疗装置（抗

福民医院的英文广告

震）；左图3：东大楼；右图1：一号手术室；右图2：最新的X射线检查仪；右图3：杀菌室；中下图：X射线深度治疗室。

作为医生，顿宫宽的理念是：患者都是医院的客人，没有人种和阶级的差别，应尽最大努力对他们亲切叮嘱；在患者面前不说他人的坏话，不表示自己的不满；在患者面前不发怒；给中国人患者治疗时，把自己当作中国人，尽量不要依赖翻译。

福民医院打破上海一般的日本医院只为日本人服务的惯习，而将中国人作为主要的治疗对象，其次才是在上海的欧美人和日本人。因此，他聘请英国、德国、俄罗斯等国医生来院任职，在院内可以听到不同国家的语言。可以说，顿宫宽与福民医院，与在上海的日本人相比，在外国人中间更有名。

该院护士大多由中国人担当，守卫和杂役则雇用印度人。医院最兴旺时，医生、职员人数达200余人，成为上海著名的综合医院之一。作为日本人经营的私立医院，其规模在当时的日本国内也少见。

救护车在那个时代是十分稀罕的，在上海日侨人口最多的日本人社区，一旦发生传染病时，无论是收容患者还是到患者家庭进行消毒，都不得不借用福民医院的救护车。1940年8月，日本居留民团得到兴亚院援助后，才购入专用救护车，患者能及时地被送到日侨专用的隔离医院。

福民医院是鲁迅在上海治病的主要医院之一，鲁迅之子周海婴是在福民医院出生的。1929年9月26日下午，许广平被送入医院。27日晨8时，妇科的高山章三博士用钳子引出胎儿。鲁迅为祝母子平安，捧上一盆文竹到医院看望。当天

北 虹 口： 历 史 与 风 景

BEI HONGKOU: LISHI YU FENGJING

20世纪30年代，福民医院的医务人员合影

中午，鲁迅在给谢敦南的信中写道："广平于九月廿六日午后三时腹痛，即入福民医院，至次日晨八时生一男孩。大约因年龄关系，而阵痛又不逐渐加强，故分娩颇慢。幸医生颇熟手，故母子均极安好。"10月1日，鲁迅与许广平商定给孩子取名海婴。10月10日，许广平母子出院。在许广平生孩子住院的15天里，鲁迅几乎天天到福民医院探望。许广平出院后，鲁迅还携周海婴到福民医院去检查、种牛痘等。

此外，鲁迅还经常介绍亲戚和友人到那里治病。1933年7月，鲁迅在南京矿路学堂和日本弘文馆学习时的同学张协和的次子需要住院动手术，鲁迅通过内山完造的关系介绍其住入福民医院。10月23日晚，为答谢福民医院治愈张协和的次子，鲁迅特意在上海杭州菜馆知味观宴请院长顿宫宽、外科医生吉田笃二、放射科医生高桥淳三及会计古屋等相关人员，同时，也请给许广平接生的高山章三博士和内山完造等人参加。

1935年秋，暨南大学教授、翻译家傅东华的孩子患伤寒，请了几个医生都不得要领，有人提起福民医院，并请鲁迅先生介绍。"鲁迅先生表示非常关切，立即在烈日灼晒下亲自步行到医院接洽一切，并且亲自陪同院

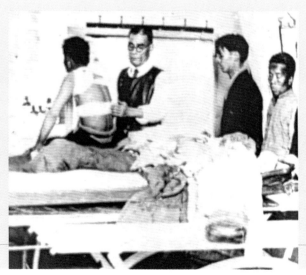

顿宫宽在福民医院诊治病人

中的医生远道到我家来先行诊视。进院之后，他老先生又亲自到院中探问过数次，并且时时给以医药上和看护上必要的指导"，直至孩子病愈。傅东华在《悼鲁迅先生》的文章里，感动地说："现在，我的儿子依然健昂昂地在学校读书，而他老先生的溘然长逝却不曾带去我们一丝一毫的忧虑和关切！他老先生以那么大的年纪，那么忙的写作生活，又在那么大热的天气，竟肯为了一个和他并无密切关系的十七岁的青年操那么大的心，出那么大的力，而他自己的死耗却要等隔了十小时以后的晚报才带给我们，这是多么使我们难堪的情景啊！"

1932 年 4 月 29 日，虹口公园发生抗日义士尹奉吉的炸弹事件，日本驻华公使重光葵的大腿被炸成重伤，送入福民医院后经截肢手术才保全性命。由于福民医院从未施行过如此严重的外科手术，日本政府紧急派九州帝国大学后藤七郎博士乘船来上海。手术时的助手是渡边学士和顿宫宽院长、川口海军军医，还特地请后藤博士的学生、虹口篠崎医院的服部博士来协助。手术护士除本院的楠本护士外，也请红十字会几名护士参加。后藤博士于 5 月 3 日到达福民医院，5 月 5 日正式施行手术。手术前，重光葵在病榻上代表日方签署了《中日停战协定》，此后即被推入手术室，将一条腿切除。6 月，重光葵生命无险情后，被送到九州帝国大学医院进行第二次手术。

1945 年 9 月 23 日，福民医院被国民政府接收，更名上海市立第四医院。顿宫宽和部分医师、护士在等待回国时期，根据日侨管理处的要求，继续开展治疗业务。1946 年 4 月 8 日，顿宫宽携带两个皮箱离开上海回国，时年 62 岁。同年 4 月 17 日，顿宫宽回到故乡香川县小豆岛，9 月，开设安田诊疗所，聚集了一批上海

福民医院:

二

周海婴出生地

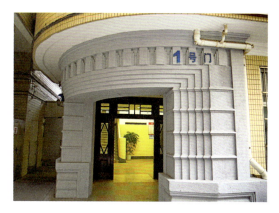

原福民医院正门,今江湾医院

原福民医院大楼

北 虹 口： 历 史 与 风 景

BEI HONGKOU: LISHI YU FENGJING

位于小豆岛的顿宫宽故居

福民医院：

二

周海婴出生地

福民医院的关系者。次年9月，设立内海医院。1961年，任"香川上海会会长"。1974年12月7日逝世。

2016年5月，我曾到小豆岛土庄町访问顿宫宽的家乡，故居与诊所的建筑依存，但满园荒芜，空无一人，只有书柜里的旧书静寂无声地叙述逝去的历史。

中华艺术大学旧址，左联成立大会召开地

窦乐安路：
秘密召开的左联成立大会

　　20世纪二三十年代，窦乐安路（今多伦路）是以鲁迅为代表的左翼知识分子活跃的地区。中国共产党领导、以鲁迅为旗手的革命文学团体中国左翼作家联盟即在窦乐安路233号（今多伦路201弄2号）中华艺术大学内成立。

　　中华艺术大学旧址是一幢砖木结构的三层楼花园洋房，建于1925年。东西两边原来都是小河浜，后来填浜筑路，建造了坐北朝南的花园洋房，楼上和底层，都有四间房，每间20平方米左右，屋前有花圃，环境幽静。

　　1930年3月2日下午2时，中国左翼作家联盟成立大会在窦乐安路中华艺术大学举行。大会的程序：首先推定鲁迅、沈端先（夏衍）、钱杏邨三人为主席团。然后由冯乃超报告筹备过程，郑伯奇对左联纲领做了说明，接着由中央文委书记、中国自由运动大同盟代表潘汉年致祝词。鲁迅、彭康、田汉、华汉（阳翰生）等讲话。大会选举鲁迅、夏衍、冯乃超、钱杏邨、田汉、郑伯奇、洪灵菲等七人为执行委员。周全平、蒋光慈二人为候补执行委员。大会通过了左联理论纲领和行动纲领要点，通过了成立"马克思主义文艺理论研究会""国际文化研究会""文艺大众化研究会"等机构，创刊联盟机构杂志《世界文化》，加强与各革命团体的密切关系，通过了参加工农教育、组织自由大同盟分会、与国际左翼文艺团体建立联系等提案。

这次大会是在白色恐怖极端严重的情况下秘密举行的。由于时间限制，还有几位预定发言人没有来得及讲话，到傍晚就宣布散会。由于保密的需要和缺乏经验，上述演讲、报告当时都没有文字记录。

鲁迅在会上的讲演《对于左翼作家联盟的意见》，也是在会议三五天后，由冯雪峰根据回忆记录下来，写成草稿，最后经鲁迅亲自审阅修改而定稿的。由于当时党内产生了"左"倾教条主义的严重错误，一些人在工作中有过教条主义和宗派主义倾向，对此，鲁迅曾进行过原则性的批评。他在左联成立大会上的这个讲话，是左翼文艺运动史上具有重要意义的文件。鲁迅指出："我以为在现在，'左翼'作家是很容易成为'右翼'作家的。为什么呢？第一，倘若不和实际的社会斗争接触，单关在玻璃窗内做文章，研究问题，那是无论怎样的激烈，'左'，都是容易办到的；然而一碰到实际，便即刻要撞碎了。""第二，倘不明白革命的实际情形，也容易变成'右翼'。革命是痛苦，其中也必然混有污秽和血，决不是如诗人所想像的那般有趣，那般完美；革命尤其是现实的事，需要各种卑贱的、麻烦的工作，决不如诗人所想像的那般浪漫；革命当然有破坏，然而更需要建设，破坏是痛快的，但建设却是麻烦的事。所以对于革命抱着浪漫谛克的幻想的人，一和革命接近，一到革命进行，便容易失望。"鲁迅强调革命作家一定要接触实际的社会斗争。同时，他对左联工作提出四点意见："对于旧社会和旧势力的斗争，必须坚决，持久不断，而且注重实力"；"战线应该扩大"；"应当造出大群的新的战士"；"联合战线是以有共同目的为必要条件的。……如果目的都在工农大众，那当然战线也就统一了"。

由于是秘密会议，为保证安全，开会的前一天，夏衍、潘汉年等人专门观察了会场周边的情况，从北四川路与窦乐安路的交界，到中华艺术大学二楼的进口处，直到全校的房间，全部作了仔细的观察，有哪几个门可以出口，有没有后门，经过后门可以从哪条路出去，也都作了周密的检查。潘汉年说，这个会议筹备已久，参加会议的人多，国民党可能已经得到风声，因此必须特别谨慎，并为此准备了纠察队和保卫人员，还作了预案：会议中有4名纠察队员保护鲁迅，万一发生紧急情况，冯雪峰和柔石陪着鲁迅从后门撤退。会场内外，从北四川路底到窦乐安路，到中华艺术大学门口，安排了约20名纠察人员。

左联成立以后，在贵州路建立一个秘密机关，由于缺乏经费和资料，最初的主要活动是飞行集会、散传单、贴标语等。不久，左翼社会科学家联盟、左翼戏剧家联盟和左翼美术家联盟相继成立。其中，影响较大的是左翼社会科学家联盟，其成立于1930年5月20日，最初有盟友30余人，大部分是中共党员。该组织在介绍和宣传马克思主义方面，作出重大的贡献，他们翻译出版了许多马克思、恩格斯著作。

东方旅社是中小型的西式旅馆，位于三马路（今汉口路）666号，亦称老东方，由徐孟渊、陈杏春、童雨香等人创设。1931年1月17日夜起，左联作家柔石、胡也频、李伟森、殷夫和冯铿等36人在东方旅社等处被捕。2月7日夜，柔石、胡也频、李伟森、殷夫和冯铿等24人在龙华被处决。有人愤慨龙华桃花之染

左联五烈士。左起胡也频、柔石、冯铿、殷夫、李伟森

血，题诗曰："墙外桃花墙里血，一般鲜艳一般红"。

左联五烈士牺牲后，左联决定向国内外发表抗议宣言，要求全世界革命作家声援，向国民党抗议。宣言与声明由茅盾起草，鲁迅定稿。英文由史沫特莱翻译，日文由尾崎秀实和山上正义翻译。同时，出版《五烈士作品选集》。为了便于在日本出版，封面上只写是鲁迅的《阿Q正传》，而在书里加上五烈士的作品。这本书的译者为山上正义，尾崎秀实以白川次郎的笔名写了序言。这是纪念五烈士的最早外文译本。山上正义毕业于鹿儿岛高等农林学校，1925年来上海，任职于日语报纸《上海日报》。大革命时代，在广州与鲁迅结交，翻译《阿Q正传》，还以广州起义为题材，创作题为《震撼中国的三天》的剧本。

1932年一·二八淞沪抗战爆发后，大多数左联成员上前线，写了不少战地通讯，并自2月3日起，将《文艺新闻》周刊改为日刊，报头是《文艺新闻》战时特刊《烽火》，大量报道前线情况和刊登有关团结抗日的文章，瞿秋白和鲁迅（用笔名）的文章也在该报发表。特刊连续出了两个星期，到3月底才重新恢复周刊。同年6月停刊。除《烽火》外，共出了60号，可以说是左联成立以来延续出版时

三

秘密召开的左联成立大会

山上正义

《阿Q正传》日译本

间最长的一种刊物。这个时期，在《文艺新闻》和各种报刊发表的左联作者的报告通讯和速写，经钱杏邨编辑成书，题名《上海事变与报告文学》，由南强书局出版，可能是中国最早出版的一本报告文学专集。

1932 年 7 月，左翼戏剧家联盟在上海电影界发起影评工作，通过各种渠道，先后把上海主要大报纸的副刊争取过来，在副刊上刊登影评园地，并组织影评人小组，为党领导下的松散群众组织，通过茶话会、座谈会等形式欢迎影评工作者自由参加。由于它是公开的合法团体，参加者很多，接触面很广。《申报》的"电影特刊"，《时事新报》的"电影时报"，《晨报》的"每日电影"，《中华日报》的"电影新地"，《民报》的"电影与戏剧"，几乎都为影评人小组掌握。这项活动一直坚持到 1937 年 8 月。上海租界成为"孤岛"后，不少人还留下来继续工作。夏衍说：这件事，在上海进步电影史上值得大书一笔。它不仅为进步电影扫清了道路，也为左翼文艺工作者挣脱宗派主义、关门主义的束缚，树立了一个榜样。

1933 年，上海的左翼文化在瞿秋白和鲁迅的亲密合作下，取得辉煌的成绩：《申报》副刊"自由谈"改组，鲁迅（何家干）、茅盾（玄）、瞿秋白等发表大量的杂文、评论；左联一批新作家初露头角，沙汀、艾芜、欧阳山、葛琴、张天翼等人的作品相继发表和出版；茅盾的长篇小说《子夜》出版；一批进步电影上映，并获好评。其中有田汉的《母性之光》《三个摩登女性》，夏衍的《春蚕》《上海二十四小时》，沈西苓的《女性的呐喊》，钱杏邨的《盐潮》，阳翰生的《铁板红泪录》，郑伯奇的《时代的儿女》等；电影评论小组几乎占领上海所有大报的副刊；田汉、阳翰生、夏衍打进艺华电影公司。

三

秘密召开的左联成立大会

电影《春蚕》剧照

电影《三个摩登女性》剧照

　　但是，1933 年也是国民党加紧文化"围剿"的一年。3 月 26 日，廖承志、罗登贤被捕。5 月 14 日，潘梓年、丁玲被捕，应修人拒捕牺牲。6 月 18 日，杨杏佛被暗杀。11 月 12 日、13 日，国民党特务捣毁艺华电影公司摄影棚和良友图书公司。国民党密谋暗杀进步人士的名单上有鲁迅、茅盾等人。仅 1933 年上半年，上海被捕的共产党员约 600 人。1934 年 10 月至 1935 年 2 月，国民党又对地下党和左翼文化运动进行三次大破坏，阳翰生、田汉等人被捕。

　　1936 年，根据形势的需要，为了建立文艺界抗日民族统一战线，左联自动解散。虽然左联的历史不过短短 6 年，但是它以在当时的巨大作用以及对后世的深远影响，成为中国革命文学史上的丰碑。1936 年 4 月，日本改造社社长山本实彦在上海采访鲁迅，问及左联情况时，鲁迅说："我本来也是左联的一员，但是这个团体的下落，我现在也不知道了。"这次采访内容随后在《改造》期刊公开发表。

内山书店旧址，今 1927 鲁迅与内山纪念书局

内山完造与内山书店

内山书店创办于 1917 年。此时，中日关系因日本强迫中国签订"二十一条"而进一步恶化，中日两国的文化交流受到严重阻碍。但是由于两国有识之士的共同努力，中日之间的文化交流并没有完全停止。内山完造就是在两国关系恶化的情况下坚持中日文化交流的杰出人物，内山书店也成为"追求光明的中国知识分子和青年学生了解世界的重要窗口，是联系中日友好和中日文化交流的桥梁"。

内山完造是日本冈山县人。冈山位于日本的中国地区，是"桃太郎传说"的发祥地。追溯遥远的历史，早在唐玄宗时期，即日本奈良时代，吉备真备（695—775）作为遣唐留学生，与阿倍仲麻吕同时赴中国，学儒学、政令、礼仪等，在中国生活了 18 年，归国后成为日本朝廷右大臣。日本临济宗的初祖荣西禅师（1141—1215）、画圣雪舟（1420—1506）也曾多次到过中国，回国后在冈山撒下了中国文化的种子。

1885 年 1 月 11 日，内山完造出生于后月郡吉井村（今芳井町）沢冈，父亲曾是村会议员和村长，母亲是当地著名篆刻、书法家的女儿。12 岁时，内山完造退学离开家乡到大阪去当学徒，临行时，小学校长给他的钱言是："男子立志别家园，事业未就誓不还。何须寻求掩骨地，人间处处有青山。"此后，少年内山先后在大阪和京都的商店里学徒。1913 年 3 月，作为大阪眼药会社参天堂的派遣者来上海出差。为了推销日本眼药，他的足迹遍及中国大江南北，也加深了他对中国社会和民情的了解。

1916 年 1 月，内山完造在京都与美喜子结婚。同年 3 月，与新婚妻子一起到上海，最初借居在吴淞路义丰里 164 号二楼。1917 年，在北四川路魏盛里 169 号创办内山书店，以妻子美喜子的名义经营。内山书店初以经营基督教的圣经、赞美诗之类的书籍为主。当时，上海的日本书店虽有日本堂、至诚堂、申江堂等，但销售基督教书籍的只有内山书店一家。

魏盛里是北四川路上的一条小弄堂，只有 7 幢房屋，全部住着日本人。内山完造租了弄堂口靠右边的两幢，将它打成一片。当时店内条件很艰苦，内山完造用啤酒箱的盖子隔成两档摆在桌子上做书架，书就摆在那样简陋的架子上。由于光线不好，店内白天都要点灯。为了打开销路，内山完造采取不分国籍，对任何顾客一律实行赊售的办法，而且对个人买主决不登门讨债。在上海的日本书店中，内山书店是唯一实行这种方法的。

1920 年夏天，根据内山完造的提议，由上海基督教青年会主持，举办夏季文化讲座活动，邀请日本教授来上海讲课，讲完课后，再请他们到苏州、杭州等地参观、游玩。第一次讲座，由森本厚吉教授讲经济学、成濑无极讲社会学、贺川丰彦讲社会学。中国讲师是李人杰、白愈桓、陈望道教授。每次讲座均受到好评，500 张听课券全部售罄。但是，每次预算总是亏损，内山完造不仅承担亏损的大部

内山完造与

四

内山书店

新婚的内山完造与妻子美喜子

分金额，还负责售票、会场布置、司仪等事务工作。

近代的中日文化交流出现逆转现象，在相当长的一段时间内，中国人通过日本学习西方文化。近代资本主义的政治、经济学说，包括社会主义和马克思主义的理论，不少是根据日文书籍或西方原著的日文译本传播到中国。正如内山完造所说："诚然，日本文化是翻译过来的文化，但这种翻译文化，实际上却是中国所需要的。觉醒了的中国革命家意识到中国文化落后于西方文化，认为中国应该以日本的翻译文化作为垫脚石，来一个飞跃。这正如过去日本学习英语赶上了近代文化一样，现在的中国是想借助于日语。"1926年，日本改造社推出一套50多册的《现代日本文学全集》，并以一册一日元的廉价发行，开创了"一元本时代"。此后，日本新潮社也发表出版"一元本"《世界文学全集》的计划。紧接着改造社又推出《经济学全集》和《马克思恩格斯全集》；日本评论社推出《新经济学全集》和《法学全集》；春阳堂的《长篇小说全集》和平凡社的《大众文学全集》也相继出台。"一元本时代"使日本出版界进入成熟期，也使内山书店经营范围日益扩大。内山书店预订《现代日本文学全集》1000册、《世界文学全集》400部、《经济学全集》500部、《马克思恩格斯全集》350部、《新经济学全集》200部、《法学全集》200部、《长篇小说全集》300部、《大众文学全集》200部。每月进书时，弄堂里的货物堆积如山，书店职员急遽地增加到十几人，搬运工人也增加到三人，书店生意一下子兴隆起来。

内山书店新书多，信息的传播也快。从近藤春雄《现代中国的作家和作品》目录可以看到，当时现代日本文学的中文版数量共有830种，约有300余种译本

四

20世纪30年代，内山书店职员合影

的大多数日文原本由内山书店提供。特别是左翼书籍的330种日文原本，可以说全部是内山书店提供的。主要译者鲁迅、郭沫若、田汉、夏丏尊、谢六逸、沈端先、郑心南、张资平、查士元、崔万秋、黎烈文、黄源、高明、汪馥泉、钱歌川、胡仲持、葛祖兰、刘大杰、樊仲云、钱稻孙、林后修、俞寄凡、包天笑、陈望道、李达、楼适夷、丰子恺、孙良工、徐半梅、欧阳予倩、冯雪峰、朱应鹏、陈彬和、林骧、章锡琛、查士骥等，都是内山完造熟悉的友人。这些书的出版，对日本文化乃至西洋文化在中国的传播产生了很大的影响。当时的上海，出现了这样的情况：中国书店买不到的书，内山书店有卖；中国书店不能经售的书，内山书店也能卖。

内山书店的顾客，除了最初的教会友人外，不少是日本横滨正金银行、三菱银行、三井洋行、纺织会社等大银行、大公司的读书爱好者。此外，就是中国的知识分子和青年学生。设在杭州的浙江省立医学专科学校的大部分教授有留日经历，一次，在学校举行的招待会上，他们向内山完造提出希望能得到日本的医学书籍。内山完造回上海后，就向南山堂、南江堂、金原书店、吐风堂、半田书铺、凤鸣堂等医学专门书店索取目录，订购书籍。销售医学书籍，不同于一般书籍，订货人需承担包装、运输费，这是一桩并不合算的买卖，但是，内山完造并不考虑赚钱还是赔钱，一心为中国读者服务。

东亚同文书院的学生也是内山书店的读书迷。内山完造说："我的书店，由于对同文书院的学生也大量销售书籍，所以得到非常好的评价。从该院第13、14期学生开始，长期以来他们是我们亲切的顾客，从没有当外人看。看到他们远离故乡来到国外，过着寂寞的生活，同情之心不由得涌上心头，我们便尽量地亲热地对待他们。学生们也理解我们的心情，于是亲切地喊我妻子叫阿姨。""我有幸被他们称为该书院的'同窗'。同时，我也为有这种关系而感到喜悦。"

如果说内山书店对中国现代文化史产生影响的话，除了上述新书多、文化信息传播快的特点，还与内山完造在书店内创立"文艺漫谈会"，介绍日本作家、新闻记者、画家与中国新兴文化艺术家进行交流有很大的关系。

文艺漫谈会，又称"上海漫谈会"，最初设在魏盛里的内山书店里。其没有规

东亚同文书院的学生经常到内山书店购书

北 虹 口 : 历 史 与 风 景

内山书店内的文化沙龙

则，也没有特别会员，参加者就当时中日政治、文艺等问题自由地漫谈。内山完造说："我借了那弄口靠右边的两幢，把它打成一所使用着。进出就用那原来的两个石库门，小天井上全部盖了玻璃，作为采光之用；可是里面依然是阴暗，几乎白天也开着电灯。在那电灯底下，有七八张沙发和椅子围着一张小桌子，那就是所谓'漫谈席'。凡有空暇的人或者疲累了的客人，谁都可以坐下，喝喝茶啦什么的，一边宽荡荡地看看书，谈谈话。"

中国方面的参加者大多是留日回国的青年文学艺术家，其中不少人后来成为中国现代文坛的大师。如东京大学毕业的郁达夫、东京高等师范学校毕业的田汉、京都大学毕业的郑伯奇、早稻田大学毕业的欧阳予倩等。日本方面的参加者大多是生活在上海或来沪访问的著名文化人士。由于内山书店所处的虹口地带，是所谓越界筑路地段，名义上是公共租界，实际上受日本人控制，国民党警察不能到这个地区巡逻。因此，内山书店成为中日文化人士理想的谈话场所。

田汉在 1927 年 9 月 30 日《良友》第 19 期上发表的《日本印象记》中，有一则关于内山完造及其夫人的记事，十分动人：

1927 年 8 月，田汉与一位雷先生一起访问日本，托内山完造购买船票，内山完造又托付千代馆旅社负责办理。内山完造告诉田汉："明天，你直接到码头去好哪。船票你可向千代馆的人讨，他们有人专到码头上招扶客人的。"但是田汉到了船码头，却不知道究竟找谁好，于是，不得不又回内山书店，想重新问一下内山完造：

汽车到了魏盛里，我一跃入我们所谓"上海无产文人俱乐部"，恰好遇着这俱乐部的贤淑的女主人在整理那"书塔"右端"座谈处"的茶几上的昨宵狼藉的杯盘，我道过早安，便问内山先生起来没有。她停了操作的手说：

——"主人昨宵'饶舌'过多，今晨病不能醒。田先生，你今天不是动身到日本去吗？打给谷崎、村松两位先生的电报已经发了。"

——"多谢，我刚从汇山码头来，我找不着千代馆。"

——"那么，请待一会，我陪你去吧。"

她亲自打了一个电话问千代馆，知道船票已经拿到码头上去了。便上楼去披了一件外衣，同我一道上了汽车。在车上我忽然忘记了谷崎先生的住址。嘉善子夫人把我送到码头，从一个戴红帽子、上面横书日本旅馆千代馆字样的、在船桥边招扶旅客的少年人手里取了我们的船票，交了我，便替我打电话去问谷崎先生的住址去了。我和雷先生依次在码头上的警吏办事的地方依式填了姓名、籍贯、年龄、职业、住址等，换得正式船票，才和雷先生、我弟弟等提着行李，随着许多东洋人、中国人上了我几年来想上而不能上的海船。

我们由闷热热的船室上到甲板的时候，嘉善子夫人赶到船上来了。她匆匆由衣袋里掏出一张小小纸头，上面用红水笔斜斜地写着——

兵库县或库县郡冈本甲又园谷崎润一郎氏

红墨痕还血也似的淋漓未干，原来是刚从电话里向她那"专一结交天下英雄好汉"的丈夫问来的。谈了一回话，船上报时的钟声响个不住，接

内山完造与

四

内山书店

内山完造与妻子在书店里

着又是当当的锣声催送行的客人下船了。如是握手的握手，点头的点头，接吻的接吻，流泪的流泪，各应其份，发挥各人的感情。我的兄弟寿康，和雷先生的公子这时已经坐汽车去了，站在码头上扯着那数丈长的红绿纸条殷殷相送的，只有那温蔼可亲的内山先生的太太！内山氏啊！我这哀伤贫苦的数年间，你们贤夫妇给了我多少的寄与啊！无钱买书的时候赊书给我，遭遇着不幸或屈辱的时候，给我以安慰和激励。现在小别故国，将寻我那欢愉与哀戚织成的游踪的时候，又这样殷勤地招扶我送我。自称"无国籍的人"啊，你的行为虽不必能得贵国"役人"的褒奖，但请你领受中国青年贫弱的感谢。

田汉是乘长崎丸出航的，内山完造不仅为田汉代购船票，日本方面的接待也是他帮助联系的，内山夫人的贤惠给人留下深刻的印象。青年田汉对内山夫妇的感激是真诚而又感人的。

1926年1月，日本唯美派作家谷崎润一郎访问上海时，内山完造曾向他介绍了自己的经营情况：内山书店一年的销售额达8万日元，其中四分之一来自中国顾客，出售的书籍涉及哲学、文学、美术以及宗教、法律、科学等各个方面。上海西文书店销售的书籍种类有限，而且对中国读者来说，用日语来吸收新知识毕竟要比直接读西文来得容易。谷崎看了内山书店的实情，感到除东北以外，这是中国最大的一家日本书店，特别是书店里日本式"火钵"四周摆着长椅和桌子。买书的客人，可以边品茶边交谈，这个书店一定是喜爱书刊的人聚会的地方。

谷崎润一郎表示非常希望与中国优秀的青年文化人会面。经内山完造电话联系后，中日两国文化人士择日在内山书店二楼会面。日本方面除谷崎润一郎外，还有大阪每日新闻社上海支社长村田孜郎、中国剧研究会的塚本助太郎等，中国方面出席的有郭沫若、欧阳予倩、谢六逸、方光涛、徐蔚南、唐越石、田汉等。漫谈会上，中日两国文化人士就两国文坛、剧坛的状况及翻译、电影等情况进行广泛交谈。内山完造还特意向素菜馆供养斋订购一桌菜，请店家送到书店。中国素斋的材料丰富及技法精致令谷崎润一郎敬服。同月29日下午2时，以欧阳予倩、田汉为主席的上海文艺消寒会特意在徐家汇路10号新少年影片公司为谷崎润一郎访问上海举行盛大欢迎会："谷崎先生：我们上海几个文艺界的朋友有消寒会的组织，欲藉以破年来沉闷的空气，难得先生适来上海，敢请惠然命驾，来此一乐。"当天，云集了中国文艺界八九十人，其中有油画家陈抱一、漂泊诗人王独清、戏剧画家关良、电影导演任矜苹等，主客在友好气氛中畅饮欢谈，"天真烂漫至极点"，谷崎润一郎最后因酒醉，由郭沫若架扶着他回福州路一品香旅馆。

文艺漫谈会成立以来，每有日本文人到上海，想结识和了解中国文坛人物时，找到内山书店总能有所收获。日本作家佐藤春夫（1892—1964）和浪漫派诗人金子光晴（1895—1975）来上海时，经谷崎润一郎介绍而认识内山完造，内山完造也热情地介绍他们参加文艺漫谈会。当然，中国的知识分子想与日本文人交往，内山完造也千方百计地作介绍。夏衍在《懒寻旧梦录》中写道："内山完造也可以说是一个现代奇人，我去了两三次，每次也不过买一二元钱的书，可是他很快地就掌握了我的爱好，他不仅能向我介绍我想买的书，而且还给我介绍了我想认识的朋友。"

1927年10月，鲁迅入住虹口后，因经常去内山书店购书而与内山完造相识，后来成为文艺漫谈会的常客。内山完造在《鲁迅先生》一文中回忆道：

有一个常常和二三个朋友同道着，穿蓝色长衫的，身材小而走着一种非常有特长的脚步，鼻下蓄着浓黑的口髭，有着清澄得水晶似的眼睛，有威严的，哪怕个子小却有一种浩大之气的人，映上我们的眼帘。

有一天，那位先生一个人跑来，挑好了种种书，而后在沙发上坐了下来，一边喝着我女人送过去的茶，一边点上烟火，指着挑好了的几本书，用漂亮的日本语说：

"老板，请你把这些书送到窦乐安路景云里××号去。"

现在，那屋子的门牌我已经忘掉了；当下，我立刻就问：

"尊姓？"

一问，那先生就说：

"叫周树人。"

"啊——你就是鲁迅先生么？久仰大名了，而且也听说是从广东到这边来了，可是因为不认识，失礼了。"

从那时候起，先生与我的关系就开始了。

　　从1927年10月鲁迅首次去内山书店购书到1936年逝世止，他去内山书店500次以上，购书1000册之多。为了避免政治迫害和人事纷扰，鲁迅接待客人、书信往来，经常由内山书店代转或代办。许多日本友人如山本初枝（笔名幽兰，日清汽船会社上海支店长山本正雄之妻）、山本实彦、增田涉、佐藤春夫等都是经内山完造介绍而相识的。1935年，内山完造撰写《活中国的姿态》（中文名《一

鲁迅与内山完造（右）、山本实彦（中）合影

北 虹 口 ： 历 史 与 风 景

鲁迅与文艺漫谈会成员合影。前排左起为田汉、郁达夫、鲁迅、欧阳予倩，后排右一为内山完造

个日本人的中国观》）一书，鲁迅欣然为之作序。序言指出："著者是二十年以上，生活于中国，到各处去旅行，接触了各阶级的人们的，所以来写这样的漫文，我以为实在是适当的人物。事实胜于雄辩，这些漫文，不是的确放着一种异彩吗？"

1928年，日本新感觉派代表作家横光利一访问上海，并滞留了约一个月。介绍横光利一到上海的是日本作家芥川龙之介。芥川龙之介曾于1921年3月至7月作为《大阪每日新闻》海外视察员到上海和中国北方访问，同年8月17日至9月

12 日，在《大阪每日新闻》连载作为中国观感之一的《上海游记》。在他的笔下，上海的繁华、上海人的忙碌与北方的"大陆性"宁静形成明显的差别。1927 年，芥川龙之介自杀身亡。自杀前，他对横光利一说，"你一定要去见识见识上海"。第二年，横光利一带着对芥川龙之介的怀念和"想了解悲惨的亚洲"的愿望，来到了上海。后来，他创作了以 1925 年"五卅事件"为背景、半殖民地都市上海为舞台的长篇小说《上海》。1936 年，横光利一作为《东京日日新闻》《大阪每日新闻》特派员赴欧洲采访，途经上海。2 月 24 日，他刚到上海的那天，就赶到位于北四川路的内山书店，与改造社社长山本实彦、内山完造和鲁迅等人会面。鲁迅因为连夜为《改造》杂志 4 月号赶写文稿，从昨夜起就一直没有睡过，脸色苍白，胡须浓密。但他还是很热情地接受邀请，与横光利一等人到新亚饭店吃午饭。鲁迅在日记中写道："午山本实彦君赠烟卷十二合，并邀至新亚午餐，同席九人。"横光利一即为同席的 9 人之一。

日本象征派诗人的代表人物金子光晴，1895 年出生于日本爱知县。1912 年 4 月，入早稻田大学高等预科文科，1915 年 2 月，退学。4 月，考入东京美术学校日本画科，8 月，退学。9 月，入庆应大学文学部预科，不久又因病退学。1919 年，出版处女诗集《赤土之家》。1923 年，因刊行诗集《金龟子》而声名大振。1924 年 9 月，与森三千代结婚。1926 年 3 月，金子光晴和森三千代第一次到上海旅行，滞留了一个月左右。他们住在北四川路余庆坊（今四川北路 1906 弄）。余庆坊建于 20 世纪初，以"吉庆有余"之意命名。弄内有三层楼房 14 幢、二层石库门房屋 172 幢。金子夫妇居住的是有晒台的二层石库门房屋，晒台给他们留下深刻的印象。金子光晴说："晒台上的粗砺的油漆、斑驳的墙壁与蔚蓝色的天空之间，其色彩的相交实在令人撩起一阵浪漫的感觉。""余庆坊的晒台，常常就在这样的白昼，承受着使得自吴淞溯黄浦江而上的粗布做的船帆和红色的巨帆猎猎作响的最上层的气流，将自己的整个面貌展露在世界上。"房东是一位长崎出身的日本老太太，原在苏州一家旅馆工作，后嫁给在上海工部局任职的一个瑞典人。由于金子光晴长得像中国人，初借房子的时候，日本房东老太太还以为他是中国广东人。

当时内山书店还设在北四川路魏盛里。金子光晴住宿的余庆坊就在内山书店的对面，谷崎润一郎热情地介绍他与内山完造相识。4月22日下午5时，内山完造介绍金子光晴与在上海的中日文化人士会面。参加聚会的有剧作家、诗人田汉、画家陈抱一、漫画家丰子恺、教授方光焘、戏剧家欧阳予情和在上海的谷崎润一郎、杉本勇（高野山僧人）、荻原贞雄（横滨正金银行）、村田孜郎（《大阪每日新闻》上海支社长）等人。金子夫人森三千代因思念孩子已暂回长崎，但得知与中国文化人士见面的消息后，特意从长崎坐船于当日下午2时赶回上海。东京美术学校毕业的陈抱一将自家庭院种植的紫藤花作为礼物送给内山完造。内山完造将紫藤花插满花瓶，放在白布铺设的桌子上，美丽的花朵吸引了不少目光。

由于参加聚会的中国文化人士都有留学日本的经历，金子光晴觉得这与日本人之间的聚会没有什么差别，唯一不同的是在欢谈期间充满了中国式礼让和亲睦，心情一直轻松愉快。金子光晴对以前写过新诗，现在是剧作家，又在经营电影公司的田汉印象很深："这是一位瘦削的、有点神经质的、情感的变化犹如内心风起云动似的一直处于不安中的人。刚才还在说着什么，一下子顿住不说了，你以为他沉默不语时，他却像是对刚才的话陷入了沉思。""他对电影制作的态度很认真，话题一涉及电影，他的瘦削的双颊就会因自信和抱负而泛起红潮。"

那天，内山完造招待大家的是中国素斋，料理是从素斋店供养斋定制的。金子光晴回忆道："中国豆腐的雅味之丰富和豆腐菜肴的发达实在令人惊讶。"有"只能用汤匙盛起的柔嫩的豆腐和石头般坚硬的豆腐，有黑黑的四方形的豆腐干，有的如手指一般，有的如犀牛的眼睛一般，在腌制的豆制品中，有用酱腌的，用酒糟腌的，有的染成红红的像西红柿似的，真是举不胜举"。

素斋的料理，"看上去其模样完全像是肉做的，但材料却都是素菜，做出来的形状有的像燕窝，有的像鸡蛋、鸭子、鳜鱼、虾仁等等"。"清鲜爽口，感觉很好"。金子光晴说，"中国人的待人处世与法国人非常相似。恰如以对待珍贵器皿的恭谨和谦和的态度来对待彼此的心灵一样"。

1928年3月，第二次访问上海的金子光晴经内山完造介绍，结识鲁迅。4月2日，郁达夫在陶乐春酒家请客，金子光晴与鲁迅夫妇、内山完造等人参加。

同年末，金子光晴与妻子的感情发生了危机，为了让妻子离开她的情人，金子光晴许诺带她到巴黎旅行。而为了筹集去巴黎的旅费，他和夫人又来上海，滞留约4个月。据《鲁迅日记》记载，金子光晴夫妇在上海频频地与鲁迅等中国文化人士会面。如1929年1月26日，郁达夫和王映霞在陶乐春酒家设宴，金子光晴夫妇、林语堂夫妇、鲁迅夫妇及日本小说家前田河广一郎、日本画家秋田义一等10人出席。3月31日，鲁迅和柔石等人参观金子光晴的浮世绘展览会，为了成

北 虹 口: 历 史 与 风 景
BEI HONGKOU: LISHI YU FENGJING

内山书店门前的茶水桶，供路人免费饮用茶水

全金子夫妇的巴黎之行，鲁迅特意花 20 元买了金子光晴的两枚浮世绘作品。

20 世纪二三十年代，上海的夏天异常炎热。当时，马路上的汽车很少，除了电车以外，主要交通工具是人力车（黄包车）和小车，内山书店老板内山完造经常看到：上身裸露的劳动者的足迹黏黏地贴在黑黑的柏油路面上了，而身体上汗油直流，不得不用出平生二倍三倍的气力来拉着，渴得连声音都发不出来。但是，当时的市民都乐意做慈善的公益事业，他们在路旁的树荫下，或是在电线杆子的旁边，纷纷摆放着用洋铁的茶筒儿、瓷缸装的热茶（有的将茶水烧开后凉却，又称凉茶），免费供给炎日下的过路人饮用。

生活在上海，就要极力融入中国人的社会。内山完造向中国人学习设茶桶的方法，在书店门口也设立一个大茶桶。当时，北四川路上的茶摊中，内山书店门口的那个茶桶特别醒目，其不仅比一般茶桶大，最主要的是因为内山书店是日本人开的，而在中日关系恶化的年代，一位普通日本人在上海为中国劳动者做善事，格外引人瞩目。每逢夏天，内山完造一早就在书店门口放置好茶桶，先向茶桶内投入一大袋茶叶，然后到附近专门卖开水的"老虎灶"买来开水，将滚烫的开水倒进茶桶。虽然他已经起了大早，但是中国劳动者也早就拿着竹勺子在茶桶边等候了，开始是一人、两人，很快就聚集了很多人，太阳越猛，饮茶的人也越多。六斗左右的茶，四个小时便空空如也了。下午热得最厉害的时候，两小时内便喝完六斗茶，一个夏天也总有十天上下会如此。据内山完造回忆，最高的纪录是一天能喝掉三石三斗的茶。对他来说，是大成功的事情。

一天，早上 9 时用温度计测量气温，就在 92 华氏度以上。内山完造一面喊热，一面出门，映入眼帘的是一位身姿健壮的黄包车夫正在喝茶，只见他用嘴"呼呼"地吹着热茶的时候，像变魔术那样，非常忙碌地连续喝下三勺。接着又轻轻地吹起"咿呀咿呀"的小调喝完了第四勺。喝完茶，车夫就弯腰拾起倒在地上的车把，准备出车。内山完造很自然地与他聊天，得知他从农村来，车子是租来的。一天挣的钱只够还租金和家庭四口人吃饭，很少有结余。那天，因没有揽到生意，所以一直饿着肚子。内山完造在《上海的黄包车夫》一文中写道："我未曾听过有那样的事。车夫一面呼呼地吹着热茶一面连续吞下四勺的情形，像闪电一样直击我的胸膛。"

下午的一幕，也让内山完造难以忘怀。一位黄包车夫由于拼命干活而将濡湿的裤管卷到大腿上，他一到内山书店门口，就用竹勺打满茶，大口大口地喝起来，这一定是从很远的地方拼命跑来的。喝完茶后，他连续吃了五个粽子充饥。当听到远处客人的召唤后，又马上飞快地跑去了。"穿洋装的日本客人一声不响地坐上车，车夫等待客人指出要去的方向，日本人傲慢地指指朝南的方向。车夫为了清楚地了解他要去的方向，连续问了三遍，确认后才驭着客人朝南走去。"由于有对中国底层劳动者生活的真切了解和同情，内山完造在店门口坚持设免费茶桶二十多年，而中国劳动者光顾他的茶桶也从未中断，哪怕是在抵制日货的高潮中。

在茶桶的桶底，内山完造常常会发现有一两个铜板，最初他以为是淘气的孩子抛进去的，后来他发现错了："那原是为不收分文无条件地供给的便茶所拯救了极渴的劳动者们所献，衷心之所献奉也。"

为此，内山完造被中国劳动者的知恩而深深地感动了，他在《一个日本人的中国观》中写道："这一个铜子，有时是他们被打被踢，甚至是流了鲜血才换得来的。但是他们却将它慷慨而无吝色地抛进了茶筒里去了。他们却不过是个无不办的苦力耳。噫，这样心境！十万人之中只要能有一人如此便了不得了，我不能不向十万人的车夫致其感激之辞。谁谓中国人不知恩呢？为马储水，不忍虐待鸡鸭的西洋文明之士，见了在炎天之下奔驰喘息的苦人，却只作看不见一样了。"

中国民众的确是知恩图报的。当时，内山书店所在的北四川路处于中国民众反日运动的中心。在抵制日货运动中，上海邮信局工人拒绝接受日本人邮件，但对内山书店特别照顾。工作人员仅是口上说"这次给你办理，下次不行"。可是，到了下次，依然还是照常办理。在中国人心目中，内山书店是中国人民的朋友，而不是抵制的对象。

1929 年，内山书店迁往施高塔路（今山阴路）11 号。次年，内山完造辞去参天堂的工作，全力投入内山书店的经营。同时，为方便在公共租界工作的日本大公司职员购买，内山书店在四川路 52 号（原铃木洋行所在地）设立支店（1933 年停业）。

1937 年八一三事变后，内山夫妇和大部分日侨一起撤离上海回国，次年在长崎开设内山书店。1941 年初，患病的美喜子情况好转后，内山夫妇才重返上海。太平洋战争爆发后，日本军方命令内山完造接管南京路上的中美图书公司，改组为内山书店有限公司。1945 年初，美喜子在沪病故，内山把她葬在静安寺外国人公墓内。

内山完造非常厌恶侵华的日本军人，一与人见面就说军方的坏话。冈崎嘉平

北 虹 口: 历 史 与 风 景

BEI HONGKOU: LISHI YU FENGJING

在妻子墓前的内山完造（静安寺外国人公墓，今静安公园）

太称他是"真正喜欢中国的人，是生活在中国当中的日本人"。但是，他"毫不在乎地说军队的坏话，使我感到很危险"。

1945年抗战胜利时，内山书店有图书两万多册。10月23日，这些图书全部作为敌产被国民政府接收。从战争结束到回国前的两年中，内山完造每天撰写中国三十年的回忆录，写成的稿子、笔记足有两尺高，但回国前也未被允许带回日本。

内山完造先后移居山阴路千爱里、吴淞路义丰里。此时的内山完造仍有将尸骨埋在上海的心意，不断地收买归国日侨留下的书物，以"一闲书屋"之名开了一家旧书店。1947年12月6日，国民政府以"国民党政府颠覆团"的"莫须有"罪名给内山完造发出通告，强制命令归国。次日，内山完造与家人一起乘船归国。他从长崎县的佐世保登陆，乘火车到东京。

内山完造的梦想，是在中国开成第一流的书店，由它把日本的文化力向中国普遍地传播，也由它向中国的新文化提供援助。但是内山完造的梦想，"牺牲在日本军国主义和侵略主义中"。

1948年，内山完造在日本各地作"中国漫谈"巡回讲演。1950年，在东京筹建日中友好协会。1959年9月19日，应邀前往北京参加国庆十周年观礼，突发脑溢血，21日在北京协和医院去世。随后安葬于上海虹桥路万园公墓。

北 虹 口: 历 史 与 风 景
BEI HONGKOU: LISHI YU FENGJING

五

虹口公园，今鲁迅公园

虹口公园与抗日义士尹奉吉

1896 年，工部局在北四川路界外地购地辟设"靶子场"，用于射击运动。1905 年，工部局又扩地，并按照英国格拉斯哥体育公园的模式开始修建虹口娱乐场，至 1909 年始见完备。内设高尔夫球场一处、网球场数十处、草地滚球场五处、足球场三处及曲棍球场、篮球场、棒球场、田径场等。各项球类运动均按季节而轮流进行，如每年 3 月 1 日至 10 月 15 日，是网球、篮球、棒球场的开放季节；10 月 15 日至次年 3 月 1 日，是足球、曲棍球场的利用时间。1921 年，工部局将虹口娱乐场改名为虹口公园。

虹口公园由苏格兰植物和园艺专家麦克利设计和布置。进门是一条夹在木兰花行中的步行小道，小道尽头是一片宏大的草地，为当时远东最精美者。草地的中间被一条小河隔断，河上有一座英国乡村式的木桥。在各运动场的周边，种植着来自欧洲的花草树木，花草随球类活动季节的变换而呈现不同的色彩。由于当时上海缺乏公立的大型运动场，1915 年 5 月 15 日—22 日、1921 年 5 月 30 日—6 月 4 日，第二、五届远东运动会在上海举行时，均借用虹口公园作为比赛的场地。

早期上海的日侨由于没有大型活动场地，庆典活动都是在日本领事馆内举行的。1911 年，虹口公园规定"凡衣着整洁的西装华人可以进入"，这一规定也为日侨提供了西洋公园式的休闲场所。1923 年 6 月 23 日，日本体育家木下博士在虹口公园聚集日侨 30 多人，讲演竞走方法。

1928 年 7 月，虹口公园正式向日本人开放。同时开始售票制度，年券 1 元，零券每次铜元 10 枚。山崎九市所编《上海一览》（上海至诚堂，1928 年）对此有如是记录："为日本人，添了几十棵樱花，早晨，日本人和西洋人一起打高尔夫球，午后，主要是网球、野球活动，晚上，有纳凉活动。音乐堂每周二晚上有工部局乐队演出。"

同年 11 月 10 日，日本昭和天皇在京都紫宸殿举行即位礼。同日，日侨在虹口公园召开隆重的庆祝活动。这是日侨首次在虹口公园举行的大型活动。庆祝活动分上午和下午两部分，上午的活动从 9 时起，先是日本总领事馆行遥拜式，再为 80 岁以上日本老人举行天杯授予式，接着是居留民团所属各学校的拜贺式，然后进行跑步、角力等比赛。下午，施放皇礼炮，举行队列仪式，还有演剧、奇术等表演，欢庆的日侨在草坪上跳舞，直至夜深。上海居留民团行政委员长河端贞次还向日本宫内大臣发出祝贺天皇即位的电报。

1932 年 4 月 29 日，在虹口公园举行所谓天长节阅兵活动。这一天，上海的日侨都会在领事馆或六三园等地举行活动。但 1932 年天长节活动却与往常不同，此前两个月，侵华日军在上海发动一·二八事变，并迫使国民政府接受其停战条件。在虹口公园举行天长节活动，并举行上海派遣军陆、海军大检阅式。陆军加入的日本阅兵式，在上海还是第一次。检阅台就搭在今公园内的梅园处。

虹口公园

五

与抗日义士尹奉吉

虹口公园的小河

北 虹 口 ： 历 史 与 风 景

BEI HONGKOU: LISHI YU FENGJING

虹口公园爆炸事件现场

从海军陆战队本部到虹口公园，侵华日军将在一·二八事变中使用过的战车、重炮、野炮、装甲车等，在江湾路上分列行进。这时，天下起小雨，日侨在道路两旁观看，然后，走进虹口公园参加活动。

检阅台高2米、宽4米、长12米，台下的四周围着红白相间的布，台上和台阶上铺设红色的地毯。检阅台的四周是中学生、陆海军官兵及一些日侨。站在台上的是上海派遣军司令官白川义则、日本驻中国公使重光葵、第九师团长植田谦吉、第三舰队司令野村吉三郎、日本驻上海总领事村井仓松、日本居留民团团长河端贞次及居留民团书记长友野盛等7人。

从上午9时30分开始举行阅兵式，11时30分结束。接着，官民共同庆祝仪式开始，在海军军乐队伴奏下，全场齐唱《君之代》时，突然，只见一男子从人群中冲出，数步向前，向检阅台投掷炸弹，顿时，一声轰响，弹片飞散，台上鲜血飞溅，7人全部倒在血泊中。

上海派遣军司令官白川义则全身被炸伤，生命垂危，送入陆军日本兵站医院（上海日本商业学校），5月26日死亡。日本居留民团团长河端贞次右胸等处重伤，当天送入北四川路福民医院，次日死去。第三舰队司令野村吉三郎右眼、右腕、脸部重伤，送入靶子路海军医院，右眼失明。第九师团长植田谦吉左腿被炸断，小腿骨碎裂，送入陆军兵站医院。日本驻中国公使重光葵右腿齐腿根被炸断，送入福民医院。日本驻上海总领事村井仓松左手臂、右下腿等负伤送入福民医院。日本居留民团书记长友野盛左前额部受伤，送入福民医院。

投弹人站在原地说："来抓我吧！我是韩人"，"我名叫尹奉吉，炸弹是我扔

北 虹 口 : 历 史 与 风 景
BEI HONGKOU: LISHI YU FENGJING

虹口公园，轰然一声（《淞沪御日血战大画史》，
1932 年 8 月）

日方报道虹口公园事件

的，一切由我个人承担！"

尹奉吉，1908 年出生于韩国黄海道礼山，曾在家乡学习汉语，并担任夜校教师。因不甘当亡国奴，弃家来中国。1931 年 5 月到上海，在虹口菜场当伙计，每天清晨骑黄鱼车给日本军营送菜，寻找复仇的机会。

在上海，当时韩国侨民有 6000 多人，其中不少人是抗日复国组织成员。大韩居留民团团长金九是韩国独立运动领袖，在金九介绍下，尹奉吉加入韩国侨民的爱国组织，并成为绝密组织"太洛太"（武工队）成员。他向上级请求，如有类似东京事件的计划，请由他来担当重任。

一·二八事变后，侵华日军在虹口公园组织检阅活动，金九感到行动的机会来了。他把任务交给战斗心切的尹奉吉，尹奉吉欣然回答说："我完全听您的吩咐，现在已下定决心，请赶快准备吧！"

由于日本方面要求参加天长节活动的人都要自备午餐和太阳旗，日侨习惯在饭盒中装午餐，并携带水壶。金九马上与上海地下兵工厂联系，请他们在三天内造出像日本人携带的水壶和饭盒式的炸弹。兵工厂立即进行研制，第 2 天，就将经过反复试验确保效果良好的两种炸弹送给金九。

接到任务后，尹奉吉穿上日本式西装，每天到虹口公园去详细察看会场的布置，选择行动的地点。有一天，他看到白川义则也在会场检查，真想一下子把他炸死。事后，他把见到白川义则，并想把他炸死的情况向金九汇报，金九对他说："猎人打猎不射栖鸟及睡兽，一定要使之飞、使之奔而后才射，这才感到痛快。"

金九让尹奉吉苦练投掷技术，达到百发百中。同时，为掩护行动，安排女

尹奉吉在行动前宣誓留影

"太洛太"队员李东海与其伪装成一对恋人。

4月26日，尹奉吉在韩人爱国团举行义举前的宣誓，他胸前挂誓词牌，左手握炸弹，右手持手枪，誓词道："我誓以赤诚，以韩人爱国团之一员，图恢复我祖国之独立自由。"尹奉吉誓词时，摄影纪念，事件发生后，将此照片寄给上海各报社。

4月29日早晨，金九亲自送尹奉吉和李东海到虹口公园前，见到公园入口戒备森严，怕两人同时遭日军盘问，口径不统一反遭败露，临时决定让尹奉吉一人进园，李东海在园外接应。那天，尹奉吉身着西装，系一根红色领带，肩背军壶，手提饭盒，像普通日侨男性一样进入公园。

11时40分，尹奉吉向检阅台投掷炸弹，正落在台中央。

尹奉吉被捕后，被关进日本宪兵队。同年12月19日，在日本金泽就义。

五、

与抗日义士尹奉吉

鲁迅公园正门

尹奉吉义举现场纪念碑

71

六

李白烈士故居

亚细亚里：
永不消失的电波

亚细亚里，位于黄渡路，门牌为107弄，建于1935年，有砖木结构的三层新式里弄住宅22幢。分南北两排，建筑外墙底部为红色清水砖墙，上部为水泥拉毛，南立面变化较为丰富。屋顶为荷兰式三折坡屋面。坐南朝北为单号。坐北朝南为双号。亚细亚里15号3楼为李白烈士生前在虹口工作、居住的地方。

李白，原名李华初，曾用名李朴、李霞、李静安等，湖南浏阳人。1910年5月，出生在张坊镇板溪村一个贫苦农家，小时候，读过四年小学和两年私塾。13岁到镇上染坊当学徒。1925年，加入中国共产党。1927年，参加秋收起义。1930年，与工农红军一起到江西瑞金。次年6月，参加瑞金红军通信学校第二期无线电训练班，从此与无线电事业结下不解之缘。

毕业后，任第五军团无线电台台长兼政委。1934年参加长征，任无线电队政委。1936年，到达陕甘宁根据地后，任红四军电台台长。

1937年10月，执行中央的命令，到上海设立秘密电台，以便及时了解敌人的动态，并将党中央的重要指示传递到上海和华东地区的党组织。此时，李白化名李朴，居住在贝勒路（今黄陂南路）148号3楼。为了掩护李白的工作，上海党组

李白与裘慧英结婚合影

织选派纺织女工裘慧英做他的"妻子"。不久，在威海路338号开设"福声无线电公司"，老板是地下联络站负责人涂作潮，李白任账房先生。他白天工作，晚上学习无线电修理技术。1940年，与裘慧英正式结婚。

1942年9月15日，秘密电台被日本特务机关破获，李白夫妇被捕，关押的地方是北四川路的大桥大楼，那是日本宪兵队上海总部。后又被关押到汪伪76号特工总部。面对敌人的酷刑，他始终不改口：自己是一个生意人，半夜听无线电是为做生意的朋友了解商业行情，这个朋友全国各地到处跑，来去无定规。面对李白的供词，敌人也束手无策。

六

永不消失的电波

李白生前使用的发报机

日本特务机关为了破获我党的秘密电台，使用了无线电测向仪、分区断电等手段，李白的秘密电台被破获时，被抄出发报机，收音机还散发着热量。但是，他们对李白的收音机反复检验，最终却得出这样的技术鉴定：收音机没有收报功能，只有发报机而没有收报机，无法作电台使用。

其实，李白的收音机就是收报机。原来，李白在全神贯注发报时，裘慧英听到屋外有动静，发现敌人正向自己的住宅冲过来，快步上阁楼，对李白说"不好，出事了！"李白以最快的速度将最后一段电文发完。然后，迅速拆散发报机，将它藏到地板隔层。当日本特务冲上来时，李白从这台无线收报机的电子管插座上，用力拉掉两个临时焊上的小线圈，把它们拉直揉乱，丢在一边，这样，收报机又变成了收音机。这两个线圈，非常关键。这是李白在涂作潮的帮助下，经反复试验，制造出来的特殊线圈的"收音机"，连日本无线电专家都无法测定其功能。

1943年5月，经上海党组织动用各种力量，积极营救，李白被保释出狱。

出狱后，李白依然受到敌人的监控。为了方便敌人"放长线，钓大鱼"，李白暂时不与党组织联系。他和裘慧英在慕尔鸣路（今茂名北路）141号的良友糖果商店当店员。1943年底，李白的组织关系转到潘汉年领导的华中局情报部。潘汉年安排他打入位于浙江淳安的国民党情报机关"国际问题研究所"。

抗战胜利后，李白按照党组织的指示，迅速回到上海，公开职业是善后救济总署渔业管理处的电器修理工。不久李白就在虹口黄渡路亚细亚里15号居住。李白和夫人裘慧英携子住在北屋3楼，共3间。党的秘密电台设置在小阁楼上。他白天在复兴岛渔业管理处上班，晚上在家里发电报。每次发报时，裘慧英都会注视外面的动静。亚细亚里发出的红色电波，使敌人终日惶惶不安，他们动用美国提供的最新技术，使尽各种手段，企图侦破李白的秘密电台。为了李白的安全，上级领导决定暂停与党中央的联系，同时，加紧筹设预备电台的工作。

但是，随着解放战争的进行，组织上收集的重要军事情报又急需向党中央汇报，如辽沈战役、淮海战役、长江防务及吴淞口的军事情报，都是党中央指挥作战时迫切需要的。在此情况下，李白不顾自身危险，向上级组织强烈要求恢复秘

亚细亚里：

六

永不消失的电波

密电台与党中央的联系。

当然，李白知道，国民党特工依靠美国的技术，比日本特工更厉害。他也不断想出对付的方法，例如经常变换通话时间、波长和呼号。同时，将天线在室内绕几圈再伸出窗口两寸，不易被敌人发现。平时，将收发报机拆成一块块，放在肥皂箱里，工作时再组装，减少危险性。他选择凌晨1时至4时发报，为空中电波干扰最少的时间段。这样，每当夜深人静的时候，李白悄悄起床，将25瓦电灯改为5瓦，并用黑布蒙上，再取一块小纸片贴在键盘上。火急、十万火急！各种重要情报通过亚细亚里的红色电波，越过夜空，飞向遥远的党中央。

但是，敌人也加紧了对秘密电台的侦破工作。1948年11月，军统特务叶丹秋从北平调到淞沪警备司令部督察处电讯监察科（电监科），他按照叛徒提供的上海地下电台的工作时间、手法特征、掩护方法等情报，协同淞沪警备司令部稽查处拟定侦破方法，并增设分区侦测电台、加配从美国新购的电信、录音设备，安排报务专家昼夜不停地侦测、监听、监录一切可疑的电台信号。在确定电台信号后，再携带小型直流收报机进行区域小范围的搜查。经七天不停地侦测，终于确定电台信号在江湾路上海淞沪警备司令部后面的一个区域，即黄渡路区域。

1948年12月29日，李白需要将国民党长江防线的绝密情报，传送给党中央。而此时，叶丹秋带着一帮特务，采用在上海分区停电的方法，也侦测到李白秘密电台的位置。裴慧英记下了当时的情形："夜阑人静，万籁俱寂。听得有人敲门声，料知事机不妙，就立即下床告知。他带着警觉而又镇静的态度，很快地拆除报机，我帮着他整理天线。收拾完毕，将孩子寄睡楼下，我俩重复上床，佯作入睡模样，静待恶魔的降临。不出所料，匪特多人果然破门而入，露出狰狞面目，破壁翻箱，四处搜寻。不幸，收报机终被发现，机内热气还未消散。匪特既得真凭实据，为讨好邀功，安肯轻易放过，立即将静安夹持出门，临去黯然，我们竟未有一语道别。"

　　李白被捕后，最初关押在北四川路稽查第二队秘密审问，被剥光衣服，用绳子捆绑，上了老虎凳，被严刑逼供，但是李白坚强不屈，决不吐实。1949 年 2 月 4 日，转移到警备司令部第七看守所。4 月 22 日，又被关押到南市蓬莱路警察局看守所，每星期一、五上午 9 时至 11 时，下午 3 时至 4 时，家属可以探望，并送物品。他给裘慧英写信，说："因路远，来时请买些咸罗（萝）白（卜）干或可久留不易坏的东西，带点现钞给我，以便用时便利。炒米粉亦请带些来，此外肥皂一块，热水瓶一只。我在这里一切自知保重，尽可放心。家庭困苦，望你善自料理，并好好抚养小孩"。裘慧英带着孩子，每次按时送菜接见。李白受尽酷刑，裘慧英见到他枯黄的面孔，蓬乱的头发，十分难过。5 月 7 日，是他们的最后一次见面。李白对裘慧英说，以后你不要来看我了，裘慧英说："为什么，是不是判决了？"李白说："时局紧急时，你要到安全地方暂避。费用没有，向朋友暂借，折合米或银元，等我出去后归还。""天快亮了，我所希望的也等于看到了。今后我回来当然最好，万一不能回来，你和孩子和全国人民一样，过自由幸福的生活了。"这时，3 岁的孩子闹着要爸爸抱，李白忍住内心的隐痛，说："乖孩子，爸爸过几天就回来抱你。"

亚细亚里:

六

永不消失的电波

李白被关押的蓬莱看守所

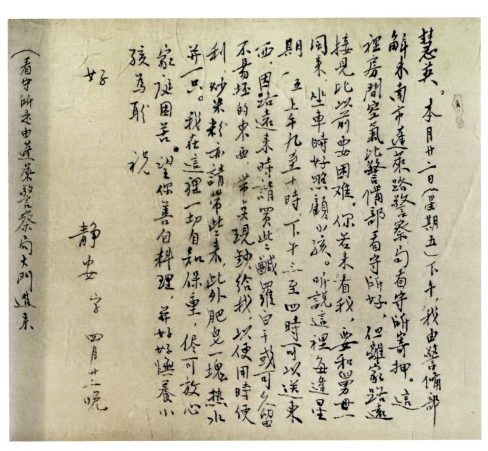

慧英，本月廿二日（星期五）下午，我由警备部解來南市蓬萊路警察局看守所寄押。這裡房間空氣比此警備部看守所好，但離家路遠接見比以前要困难，你若来看我，要和男世同来，坐車時好照顧小孩。听說這裡每逢星期一五上午九至十時，下午二至四時可以送東西，因路遠来時請買些醎羅白干或可么留不易坏的束西，常喫現热給我，以便用時便利，炒米粉有請带些来，此外肥皂一塊热水並一只。我在這裡一切自知保重，傷可放心家庭困苦，望你善自料理，并好好煙養小孩為耶 祝

好

静安字 四月廿三晚

（看守所是由蓬萊警惕察局大門進来

李白给妻子的最后一封信

亚细亚里：

六

永不消失的电波

谁知，当天晚上，在上海解放的 20 天前，李白等 12 位共产党人，在浦东戚家庙附近被国民党当局杀害。

黄渡路亚细亚里 15 号是李白最后居住、工作和被捕的地方。1985 年 11 月，上海市人民政府批准李白烈士故居为市级文物保护单位。1987 年 5 月 6 日，正式对外开放。在烈士牺牲的地方，上海市人民政府也树立了"李白十二烈士万古长青"的纪念碑。

虹口游泳池（虹口游泳池提供）

虹口游泳池：
炎夏溽暑的好去处

HONGKOU YOUYONGCHI:
YANXIA RUSHU DE HAO QUCHU

　　游泳在上海各种体育运动事业中，起步较晚，但发展迅速，魅力也大。最初的游泳池于1892年建于跑马厅里，供跑马厅股东使用。1905年建造的划船俱乐部游泳池也是团体私用的。1907年，在北四川路底建成工部局公共游泳池，为上海第一个公共游泳池，最初也不容国人进入。1909年，上海青年会健身房设立，有一个游泳池，供会员练习之用，开启中国人现代游泳技术的训练。1919年，圣约翰大学游泳池落成，为第一个学校游泳池。

　　1922年，位于虹口公园西北侧的东江湾路500号的虹口游泳池建成，这是工部局设立的第二个游泳池，也是上海最早开放的公用游泳池。同年8月14日正式开幕。

　　乳黄色的墙，黑色的篱笆，池身以铁筋三合土筑成，池内面积长100码，宽25码，最深处为8英尺，设有跳板和溜水池。浅水处，设喷水台，似三潭印月之石柱，水由石柱中喷出，高达10英尺。游泳池的边上，有一块绿色的草地，竖立警示的木牌："不准吐痰，不准犯规，违者本季内不准游泳。"绿地碧草如茵，倦游者席地而卧，展伞蔽日。草地旁有小棚，供应饮食，但价格之昂，可压倒上海高级的沙利文咖啡馆，咖啡一杯需 3 角半，汽水一瓶售价 2 角。

游泳池的西部筑一乳黄色小屋，内设男女更衣室、淋浴室、厕所等。在入口处，亦有警示木牌，上书："入水之前，耳内塞棉花并凡士林，可免耳病。"更衣室里也有木牌，告知游泳者：入池之前，必须全身淋浴，违者不准在本季游泳。

游泳池开放时间是上午 6 时至晚上 8 时。票价分两种，一种为星期二、五使用，票价 2 角。其余时间则为 5 角，但 1 元可买 3 张票，每张价值 5 角。游泳衣可租，男子每件 1 角，女子毛织品每件 4 角。

为保证卫生，游泳池的池水，每日由卫生部门化验，如水含有毒质及混浊情形，即行换水。同时，雇用四名救生员，巡视池中，及时救助失事者。

游泳池是上海摩登男女暑天的乐园，每届夏季，游泳人之多，为全市各池之冠。周日及节假日，特别拥挤。虹口游泳池，一般能容纳千人，但常常爆满。

1931 年 7 月 29 日，正逢星期天，中西男女老幼络绎来游者达 3500 人之多。因人多不能游泳，只能泡在水里乘凉。池边因有喷泉，不少人打起水战，浪花飞溅，其乐无涯。

夏天的虹口游泳池，碧蓝晶明像一块蓝宝石，也吸引了大批明星。他们的游泳热被煽动了。黎明晖、叶秋心、黎莉莉、胡珊、田方、朱秋痕、陈竞芳。紧小的游泳衣裹着她们黑黝黝的健美身子，她们在跳跃，在游动，在大笑。关于她们在池里嬉水的情形，1934 年 7 月 10 日的《新闻报》曾有生动的描述：

　　我们的硬派小生的典型，田方开口了：

虹口游泳池：

七

炎夏溽暑的好去处

20世纪30年代的虹口游泳池

虹口游泳池内景

"胡珊，瞧我！这个夏天，游泳的技术定要超过……超过你。你不能逞能。"

胡珊忍俊不住地失笑了。她说："阿方，你是不是在做梦？还是游泳游昏了呢？还是痴了呢？哈哈……去年刚学游泳的后生，今年就会超过我的游泳术，哈！真笑煞了人。"

尖妹妹黎明晖正要说话，朱秋痕悄悄地走到她背后，用力一推，"扑通"一声，没有防备的尖妹妹跌在水里去了。

"哈哈……"全都大声笑了。

"哎哟，又喝了一口水。"水中冒出来的尖妹妹说。

电影演员白虹

"哈哈……明晖，滋味儿好吗？"岸上的陈竞芳幸灾乐祸地说。

"好！好得很！还甜呢！你想吃吗？"她说着，两手捧了一些水，向竞芳脸上浇来。

"哎哟！"竞芳的脸上沾了好些水。

"竞芳，水的滋味好吗？"尖妹妹的还报。

"哈哈！嘻嘻！"又是一阵狂浪的笑声。

周璇、袁美云、胡萍、白虹等著名电影明星，也是虹口游泳池的常客。一天，胡萍拍好电影《时势英雄》以后，便到那里纳凉，刚下水中，有人仿桃花江歌调唱道："游泳池是美人窝，美人千万个，胡萍比旁人美得多……"胡萍听了，不觉有点面红起来。

星期三下午2时至5时是妇女专场。1937年7月31日，《大公报》(上海)刊登专文《女子游泳速写》，写道："每逢到这个适宜于游泳的炎夏季节里，虹口游泳池里总是挤满了'两栖'的人群，把一个地位那么狭小的池子，填塞得像前线站满了战士的战壕，尤其是在星期日，更会人满为患。上海本来就是一个良莠不齐的地方，在这种状态下，我们女子要想下池去一泳，那是会感到不得尽兴的，同时，或许还会受到相当的麻烦和许多憎恶的事，所以，管理当局'有鉴于此'，就为我们女子划分了一个时间，——每逢星期三的下午，在这个时间里，整个的游泳池就为我们所专有了。"女子专用时间里，游泳池虽不拥挤，但人也不少。同时，西洋女子的跳板、潜泳等技术确实是令中国小姐"咋舌"的。

北 虹 口 : 历 史 与 风 景

BEI HONGKOU: LISHI YU FENGJING

　　虹口游泳时在晚上9时至11时，接受包场，租费40元，至12时，加10元，但人数以100人为限。《申报》老板史量才的公子史咏赓曾包场虹口游泳池。《申报》老板史量才，1934年10月前往杭州调养胃病，11月13日返沪途中遭到暗杀。史量才和他儿子史咏赓的同学、司机3人遇害，史咏赓幸得豁免。但史咏赓受惊后，为安全考虑，平时不出家门，或邀友人来家闲谈，或闭户读书。第二年夏天炎热时，一时兴起，要去游泳，友人说，君有戒备，何能自出？他说，我来包它一夜可耳，于是派人赴虹口游泳池接洽，包一夜。约定的那天晚上，史咏赓乃与友人分乘汽车若干辆，共有三四十人，一起泡入水池。夜半时，忽起凉风，大家因水中温度较岸上为暖，不愿起身，史咏赓令侍者，购三明治投放水里，给众人充饥，至天明才起身离去。

　　当然，有人到游泳池不是为了游泳，而是观看活跃的人体美景。"跳台上，黑色、蓝色的伙伴，由水中画出半圆的抛物线，水面上泛起轻松的浪花，弯弓一样的黄、褐色的肉体漂没在水池的底里，水蛇的男子绞着银鱼一般的姑娘，他们搂着余在水面上，男的，用手托着女的下巴，女人用手用脚尽划着，在大七尺水池碧绿的水底。跳板上，红的橡皮帽、白的橡皮帽的女人，站在跳板的顶头一纵身，银鱼一样地向水里钻，女性柔软的肉体，画出诱魅动人的曲线。"这是刊登在1933年7月27日《时事新报》上的《水景素画》一文的描述。1937年8月8日，《大公报》（上海）发表《虹口游泳池巡礼》一文，直言："在夏天，到虹口游泳池去游泳，不但是可以看到各种各样的游泳姿势，而且是一个人体展览会，假如不游泳的话，去看一看人体模型展览也是够刺激的。事实上，也是有许多人抱了看人体

虹口游泳池：

七

炎夏溽暑的好去处

溜水池

戏水

水花四溅

模型展览的宗旨去的。"

郑逸梅在《到虹口游泳池去》的短文中，对游泳池的情景有所介绍："我们买票入内，在更衣室中换了身游泳衣，立到自来水莲蓬式喷射器的下面，冲洗了一回，遍体淋漓地，走到池边。这时夕阳西坠，水面生凉，中的西的，男的女的，村的俏的，可是有了少的，没有老的，都在那里弄波戏水。""那些游泳家，钻在水底，游行很速，好比一艘潜水艇。还有挟着异性，在水里相戏追逐，咭咭的笑声，和'哪能格辣'的呼声，兀是耐人寻味。"同时，目睹了以下情景："有个红箍约发的女郎，穿了身浅黄衣的游泳衣，在碧水中盈盈起立，因为她这种衣儿没有短裙的，又加着紧窄了一些，直把曲线之美，很显豁地表露出来"。因而提出了有关游泳衣的见解："没有短裙的游泳衣，不及有短裙的好，浅色的没有深色的好。男性以藏青色等色为宜，女性以大红等色为宜，米色湖色绯色，均不可着水，一经沾湿，宜显原形。"

由于是露天游泳池，秋天到了，凉风一起，游泳池里的人渐渐少了，平常千人左右，后来水里只有二三十人左右，有些人在池边的高台上披着毛巾晒太阳，抽烟聊天，摩登小姐也减少了，她们喜欢时新、热闹，游泳的季节过去了，也难觅她们的踪迹。

对于露天游泳池而言，明年夏天再见，这是游泳爱好者的期待。

虹口游泳池：

七

炎夏溽暑的好去处

虹口游泳池的碧波（虹口游泳池提供）

北 虹 口 : 历 史 与 风 景

BEI HONGKOU: LISHI YU FENGJING

公园坊的洋房

公园坊的正门

公园坊：
文艺村

GONGYUAN FANG:
WENYI CUN

　　江湾路有东、西江湾路之分。东江湾路，南起北四川路与多伦路相接，北至鲁迅公园西折至北四川路底，沿淞沪铁路北上至大连西路，与西体育会路相接成 S 形，全长 1.29 公里，宽 17 米许。此路是公共租界工部局为修建靶子场及公园而越界修筑，因当时地属江湾乡，并拟将该路通往江湾镇，故名江湾路，后改名东江湾路，俗称新江湾路。西江湾路，南起横浜路，北至中山北一路接新市路，与同心路、花园路相交，与广中路和大连西路相会，全长 1.5 公里，宽 10 米，为天通庵通往江湾的干道。

　　江湾路的公园坊，因位于虹口公园对面而得名。原是毕业于东亚同文书院的台湾人林伯奏的产业。林伯奏是台湾著名历史学家连横（1878—1936）的大女婿。连横曾就读上海的圣约翰大学，著有《台湾通史》，章太炎称赞此书："民族精神之附，为必传之作。"1933 年，连横从台湾移居上海，住在公园坊 8 号。曾任国民党主席的连战，为连横的孙子，1936 年 8 月出生于西安。在连战出生前两个月，连横因重病弥留上海，知悉儿媳临盆在即，遂留下遗言："中日必将一战，若生男则名'连战'，寓有自强不息、克敌制胜之意义，又有复兴故国、重整家园之光明希望！"连战小时候随父母来过上海，曾在公园坊短暂居住过七八个月。林伯奏的女儿林文月，1933 年出生在上海，在公园坊生活了 13 年，至 1946 年去台湾，成为台湾地区中日比较文学的开拓者，她翻译的日本古典文学名著《源氏物语》，被称为"目前华语翻译《源氏物语》的最优秀版本"。

公园坊有 33 幢三层楼的洋房，多数两两相毗邻，曾一度全部租给三菱公司，作为高级职员的宿舍，每个家庭拥有楼上楼下共三层的住房，十分舒适、宽敞。此外，还有 7 幢两层楼的红砖小洋房，每家门口有一方庭。弄堂边还有一大片草地，也属于公园坊。在林文月的记忆里："弄堂过去，是一大片草地，虽然没有任何设施，只有树和草，但草波起伏，为附近孩子们戏耍的好去处。我们家的院子相当广大，又有两架秋千和一具单杠及沙坑，我们兄弟姊妹日久玩腻，宁愿溜出

历史学家连横

出生在公园坊的作家林文月

去大草地上玩。更何况，那里随时都有各种年龄的男童女童。想捉迷藏、跳橡皮筋，或踢球、捉虫，都不愁没有玩伴。"

公园坊，有好空气，既是城市，又是乡下，闹中取静，适宜读书写文。

1934年至1936年，公园坊曾吸引一些现代派文人居住，如姚苏凤、穆时英、叶灵凤、戴望舒、黎锦明等人，被称为"作家坊"，又称"文艺村"。姚苏凤在坊内编《晨报》《每日电影》等，刘呐鸥、穆时英等人为其写稿。有人称，《每日电影》可改名为《公园坊》。穆时英

新感觉派作家刘呐鸥

还在坊内组织一个俱乐部，有一幢房子专供使用，备有画报、香烟、酒类、棋子等，大家一到晚上，便在那里聚会。叶灵凤在给穆时英的信中写道："我也很爱公园坊，近郊的风景，热闹中带点静悄，与我的性情是很适合的。"

穆时英，祖籍浙江慈溪，出生于上海，新感觉派（穆时英、刘呐鸥、施蛰存）代表人物之一。在上海，一般现代青年的销金窟里都有他的足迹。据他自己说，在跳舞场中消磨的光阴，差不多有6年，所耗费的钱在1万元左右，而唯一的成绩就是娶舞女仇飞飞为妻。1934年6月23日，穆时英与仇飞飞在北四川路新亚酒店举行婚礼。他对北四川路有非常好感似的，婚后居住在虹口公寓，1936年迁居公园坊。虹口的月宫与维纳斯舞厅是他俩常去的地方。有时他与夫人去亚尔培路（今陕西南路）的回力球场赌博，带去的法币都输光了，就与夫人从亚尔培路走到

北 虹 口： 历 史 与 风 景

穆时英与仇飞飞结婚照

江湾路的公园坊。一路上两三个小时，回到家里天快亮了。

　　1932 年 8 月，上海的木刻艺术团体"野风画会"由中国左翼美术家联盟建立并领导，会址位于公园坊 24 号，成员有郑野夫、陈广、倪焕之、吴似鸿、马达等，以无产阶级美术理论为指导，以工人和城市贫民生活为题材，创作美术作品。据当时会员的记忆："野风画会的地址，在虹口公园斜对面，公园坊中，房子是当时新建的洋房，租金很贵，但美联为了避免外界的注意，所以很贵，也就租了一幢。""野风画会地址在虹口公园西侧的对面，近铁路的西江湾路上，是一幢黄色的

公园坊：

八

文艺村

三层楼。"同年 8 月 24 日，鲁迅向该会捐款 20 元。10 月 26 日，鲁迅先生穿了一件褪了色的布长衫，在楼适夷的陪同下，去那里做了《美术上的大众化与旧形式利用问题》的演讲，听讲者除了野风画会的成员外，还有上海美专、新华美专的部分学生。12 月 21 日，鲁迅先生抱了一大堆法国杜米埃的画册，又往野风画会，表面是闲聊，其实是针对青年美术工作者的思想状况和结合画册讲有关美术工作者如何深入生活，如何提高技巧和创作的话题。1934—1935 年，郑野夫曾两次将木刻连环画《水灾》《卖盐》寄赠鲁迅先生。

上海艺术剧社导演鲁史在公园坊 25 号创立戏剧电影研究所。招生广告刊登后，报名者马上达到 150 余人，为选拔高材生起见，在天津、北平、安庆、南京、杭州、广东等地设考点，每处均招三四名。上海录取有程淑琴、杨一飞、沈沉等24 名。1935 年 11 月 27 日，正式上课，为当时中国唯一的训练演员的机构。当时，一些剧团招人，自己培养演员，而这个研究所不是培养自己的演员，而是为全国的演员开课，六个月毕业，学费全免。该研究所设各种研究室，聘请教授讲演，艺术各派均有，如南国剧社的袁牧之、左明，狂飙社的向培良，复旦出身的包时、马彦祥，艺术剧社的鲁史、陶晶孙，现代剧社的欧阳予倩，还有熊佛西系的张鸣琦，大厦剧系的陈鲤庭等。其中一些教授并不在上海，他们是作为函授教授来任职的。开学的第三天，即成立同学会。次年元旦，师生举行同乐会，并举行各种游艺活动，有京曲、话剧、音乐、口技等，有人称"全屋欢腾，空气极形紧张，寂寞之江湾路，是日生气勃勃，有新年如意之佳况"。

中华口琴会创立于 1930 年，设立在公园坊 1 号，得到各界名流如蔡元培、吴

北 虹 口：历 史 与 风 景

BEI HONGKOU: LISHI YU FENGJING

中华口琴会干事合影

公园坊：

八

文艺村

中华口琴会演出队合影

铁城、王一亭、杜月笙等资助。至1936年有会员万余人，全国各地的分会、支会百余处。同年，利用寒假组织慰问队，去华北前线及伤兵医院演奏，慰问守土将士。4月17日，为提倡艺术，发扬民族精神，举行音乐演奏会，曲目有《民族自由》《赴战》《凯旋》《乘风破浪》《春之微笑》等，除口琴演奏外，还有管弦乐、提琴、钢琴、独唱等节目。

1935年，小说家吴云梦也搬进公园坊，有人问他：公园坊为文艺区域，君故亦居其中矣。吴云梦笑曰：勿必肉麻，不过其地空气甚好，房子亦不错耳。

北虹口：历史与风景

BEI HONGKOU: LISHI YU FENGJING

九

六三园内景

"六三园里神仙客"

六三园（又称六三花园），是当时上海最大的日本私人花园，原址在今西江湾路230号处。

早期上海租界的公共花园都不对中国人和日本人开放，日侨由于没有大型的活动场地，庆典活动大多在日本领事馆内举行，有时借用中国人的公园。1905年3月，日军先后侵占中国东北的奉天和铁岭，日俄战争中的陆战基本结束。4月2日，上海日侨为此举行"庆贺会"，其会场借用的就是租界内的中国人公共活动中心张园。同年11月19日，日侨欢迎日本军舰"日高"号来沪，也在张园举行宴会，参加者除日侨代表外，还有"日高"号军官6名，士兵95名。

六三园的创设者是长崎出身的白石六三郎，其旧姓武藤，1898年，在上海文监师路（今塘沽路）经营一家名为"六三庵"的日式面店。1900年，开设高级日本料亭"六三亭"。由于经营有方，六三亭以"室内净洁雅丽、风味高尚清鲜"吸引客人，成为上海著名的高级日本料理店。为了扩展经营业务，并使日侨在上海有一个日本式的游乐、休闲和集会的地方，1908年，白石六三郎在江湾一角买得土地6000坪，历经数年，建造起一座日本式庭园。六三园简洁明朗，体现出日本式园林布局匀称、淡雅的特色。木结构的二层楼日本式建筑，是料亭六三亭分店，园内有一块面积6亩的草坪，供春秋季节的集会和赏花活动。园内还设有茶屋、凉亭、葡萄园、荷花池、煤油路灯，并种植很多松、梅、竹等日本人视为吉祥的植物。

由于六三园引进不少日本植物，一些上海名人也在那里购置日本花木，装点自宅的花园。1909年5月29日，郑孝胥在日记中写道："午后，与伯安同至北四川路观拍卖住宅，甚华丽。遂至六三亭（六三园内的日本料理店是六三亭分店）购日本枫树四株，与日匠同至南洋路，约十三日来种，价四十五元，保险一年。"

白石六三郎请来长崎市诹访神社祭神，并在六三园内建立社殿，祭祀与长崎风俗一样。1912年4月14日，六三园举行诹访神社落成式典，这是上海最早的日本神社。

六三园建成后，向日侨免费开放，并成为最令他们思乡的地方。特别是在樱花开放的季节，六三园里挤满了观赏樱花的日本人，日本的上海导游书称，六三园的夜樱是上海的名物之一。

"六三园里神仙客，偶落人间笑语和。好是隔帘春色动，梅花满树鸟声多。"郑逸梅写道："六三园，在江湾路侧，为日本人白石鹿（六）三郎所建，入门便为一驰道，环一场地，大可五六亩，细草平铺，似展绿毯。其旁植樱树成行，樱花红花灿灼，间有绿的，较为珍希（稀），词人况蕙风见了，大为称颂，赋《临江仙》，多至十余解，为时传颂。对径开轩，依林结宇，大都为纸窗竹扉。间种牡丹、杜鹃，花旁列一石像，低眉慈容，镌有'普叠妙岭'四字，胸前束以红

"六三园里

九

神仙客"

六三园正门

六三园内的沪上神社

帛，上书'奥川敦子'。且有禽囿、鹿栏。过栏为挹翠亭，题额为大正年号，悬一
楹联，亦出日本人手笔。联云：'天上四时春，看好花不断，明月常圆，缥缈蓬莱
几洄溯；座中前途客，尽旧谱留题，新诗覆瓿，大千萍梗话因缘。'场畔到处有灯
笼，所以备室外的夜宴。鹿叟（六三郎）很风雅，喜交纳我华名士。有一次，邀
请曾农髯、钱瘦铁、王西神、刘亚文、杨树庄、汪英宾、徐秋生作宴饮。西神撰
《鹿园歌舞记》，略述其胜，如云：'小山之麓，流泉绕之，铮铮作琴筑声。一溪碎
玉，静引禅心，池中铺以白石，清澈见底。'那天的歌舞亦极一时之盛。西神文又
云：'主人布席于广场之上，芳草舒茵，飞花扑鬓，所制西点极精，诸歌女持杯
劝进，酒三巡而歌舞作。歌者十一人，六人高坐，五人跌坐其下，高坐者操弦索，
跌坐者击鼓。左右两端，则一人槌大鼓，一人吹玉笛，疾徐中节，全队咸按拍而
歌。歌声甫起，即有舞女二人，飞入场中，反腰贴地，软体婆娑，翩若凤翔，焕
如霞举，观者咸飘飘然作凌云想。'"

六三园里清雅的泉石、四时的百花，以及各种禽鸟的和鸣，吸引了不少中日
文人墨客，使之成为中日文化交流的重要场所，也是日本政要和日侨上层人物接
待贵宾的重要地点。

有关上海高级日本料理店所谓的"眼睛的烹调"，以六三园的料亭为例，日侨
中的"老上海"有如下生动的记载："进了围着高而长的墙壁的弄堂的大门，穿过
广大的植着树木的庭园，而到了电灯耀目的宫殿般的屋口，被穿得极漂亮的衣服
的侍女引导了上去，说着极敬重的问候语，领至二楼的客室内，金唐纸的金屏风，
铺着新席的大广间。仰望时，萨摩杉的四方形的天花板，楹上的巨额，是贯名海

六三园内的料亭

屋氏的真迹。床之间里所悬的悬轴为竹田的山水，青瓷的香炉中轻绕名香，古铜的花瓶内插着一枝寒椿。摆好了的坐垫，一触到我们的手足，是清脆的八反织。桐胴的手炉，镀银的茶桌上面，放着九谷烧的茶具，漆金的膳碗，有田及清水烧的盘子里装着红鬣鱼和白鲟鱼。呜呼，何其美乎！诚哉，所谓眼睛的烹调也，是彻头彻尾的美洁的烹调呀，这实在是日本饭店不可不日夜精益求精的地方了。"

1912年4月4日和4月6日，孙中山来上海时，日本总领事及宫崎滔天等人分别在六三亭为他举行隆重的欢迎会。1921年11月8日，王国维也是六三园座上客。"往六三园，坐有王国维及日人草鹿、土井、井手、宗方、西本。"1922年7

105

北 虹 口： 历 史 与 风 景

鲁迅、内山完造（左）与野口米次郎（右）在六三园合影

月，孙中山经历南方军阀的叛变，从广州脱险抵达上海后，日本驻上海总领事船津辰一郎也在六三园设宴为孙中山洗尘。鲁迅曾邀请郁达夫等人到六三园中观赏过樱花，也应邀在那里参加过日本友人的宴请。1935年10月21日，鲁迅应日本《朝日新闻》上海支社社长邀请，去六三园赴宴。在座的有庆应大学教授野口米次郎和内山书店老板内山完造。同日，还在园内与日本友人合影。1919年1月19日，日本元老、出席巴黎和会的全权代表西园寺公望乘"丹波丸"途经上海时，日本总领事在六三园设私宴招待他。西园寺公望书"兴亦不浅"四个大字赠白石六三郎。白石六三郎将其制成匾额，作为显耀门厅的宝物挂在六三园的大堂间。

中国近现代书画篆刻大师吴昌硕之所以在日本有很大的影响，大量作品远播日本，与六三园有密切的关系。白石六三郎经王一亭介绍，与吴昌硕相识，遂经常邀请他来六三园赴宴，并将他的作品介绍给来沪的日本书画家。1914年，上海书画协会成立，吴昌硕任会长。10月25日，白石六三郎在六三园为吴昌硕举行个人书画展，这是中国书画最早的公开展览活动。"遂至六三园，日人为吴仓（昌）硕开书画会，悬数十幅，恣人入览。"

此后，不时有日本书画家以六三园为展厅，与上海书画家、收藏家名流联手推出各具特色的书画展览，使六三园成为上海又一个书画展示、鉴赏、交流的中心。

1915年8月12日，郑孝胥在日记中写道："赴六三园主人白石鹿叟之约，何诗孙、吴仓（昌）硕、王一亭等皆在座，日人有佐佐木、斋藤、篠崎等。"

1917年11月16日，日本记者德富苏峰访问上海，吴昌硕、王一亭、李梅庵及其他上海文人雅士，在六三园出席由日本人藤村主持的欢迎宴会，中国画家合

北 虹 口 : 历 史 与 风 景
BEI HONGKOU: LISHI YU FENGJING

吴昌硕在六三园挥毫作画（吉坂照相馆摄）

吴昌硕等人合影。左起吴涵、吴昌硕、水野梅晓、王一亭

作画了一幅松竹梅菊图，王一亭还用画达摩的手法为德富苏峰画肖像，吴昌硕在画上题诗，两幅画都赠给德富苏峰。对此，德富苏峰在《支那漫游记》中回忆道："对于诸君的好意，不胜感激。"

1919年3月，由中日收藏界名流吴执之、冈野等发起，在六三园举行沪上私家精华的金石、书画、文物收藏展。

除了画家以外，日本诗人也在六三园与中国文化人士进行了友好交流。大谷是空，又名藤治郎，日本冈山县津山市人，曾在津山寻常中学任英语教师，他从年轻时代就有志于诗文创作，从俳句开始，创作了许多汉诗、和歌、随笔、纪行、小说等，曾任当地《山阳新报》俳坛专栏的编选者。他多次来过中国，著有《苏浙小观》(与远山景观共著，1903 年)、《经济的长江一带》(1917 年) 等。1920 年 2 月 25 日，大谷是空在六三园招待吴昌硕父子、王一亭父子，"酒间赋诗挥笔，清兴无涯，到薄暮而散。"那天，大谷是空诗兴大发：

> 春浅村庄风尚寒，梅花邀客倚栏干。
> 风流同有烟霞癖，成画成诗自在看。

> 六三园里神仙客，偶落人间笑语和。
> 好是隔帘春色动，梅花满树鸟声多。

> 六三园静处，小宴会群贤。
> 风暖吹林底，鹤闲临水边。
> 煮茶君读画，食肉我谈禅。
> 壁上谁题句，永留文字缘。

吴昌硕以《是空先生招饮六三园赋蕲指教》为题，即席和道：

> 酒盏天同俯，流光我一吁。
> 仁春梅硐塞，指月佛氍毺。

池亚鱼行荔，华稠鹤舞纤。
是空空是色，转语莫崎岖。

后又作《和是空先生即席句》：

仙三人合题吾辈，不是泉明六志和。
十二栏干今倚遍，梅华深处古春多。

王一亭也作《即席和是空先生诗》，因其笃信佛
教，诗中多有佛家语言：

对酒坐花乐有余，笑看天地一蘧庐。
跏趺老佛参初偈，色相原来实若虚。

当天，吴昌硕之子吴藏龛也即席奉酬大谷是空：

林木开风色，春回锦一端。
狂疑杯仵月，园且谷名盘。
冷淡梅舒雪，崎岖石耐寒。
明朝过人日，诗兴倚栏干。

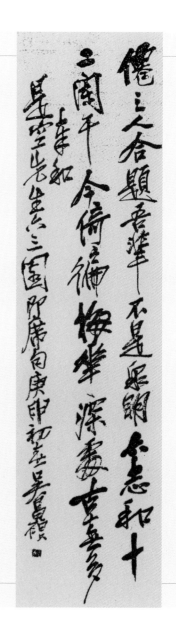

吴昌硕在六三园和大谷是空的
诗句

111

中日文人诗酒相酬而作的《沪上唱酬》

1926 年 3 月，王一亭、钱瘦铁、刘海粟与日本画家桥本关雪、石井林响、小杉未醒、森田恒友、小川芋钱等人，成立以古画研究与鉴赏为目的的解衣社，该社活动的主要地点就是六三园。桥本关雪，自称"关雪狂客"，1883 年，出生于神户，从小就在父亲那里受到汉诗和书画的教育，17 岁便参加神户美术协会举办的画展，"其作画也，笔姿爽隽，情趣充溢于缣幅间"，中国画家形容其为"伸手放脚，宽闲自在"。桥本关雪与中国画家"颇多交结，尝于海上六三园作文酒之宴，对客挥毫，随绘随题，即以赠人，无吝色"。桥本关雪在六三园内经常题诗，如《幽石丛兰图》："淅淅风声极易秋，幽人眠起欲添裘。摊书不用借灯火，月上芦花雪一楼。"《寒芦秋雁图》："小阁依稀似短舸，芦花如雪拂征袍。去年犹记瞿塘峡，风卷秋涛一丈高。"

桥本关雪十数次来上海，因其不会说中国话，故在与上海画家交往时，经常用笔谈的方法。他常说："恨不生长中国为中国人。"他与王一亭、刘海粟、钱瘦铁、陈定公、徐卓呆等人关系极好。钱瘦铁在日本时，为掩护郭沫若归国参加抗日活动，被日本警察逮捕。在法庭上，他坚不下跪，并抓起铜墨盒向法警掷去，法警被砸得头破血流，为此获刑 5 年。桥本关雪为之奔走营救，始得提前释放。"卢沟桥事变爆发后，日本军阀一意孤行，穷兵以逞，关雪大不以为然，谓：'中日辅车相依，万不能启衅，启衅则两败俱伤，是为不智；日本接受中国文化，得其惠而攻，不义；硝烟烽火，杀及无辜，不仁；两种相残，胜亦不武，不如及早弭戎为幸。'奈日当局不从，而肆暴愈甚，关雪大哭，从此日夜痛饮，醉而哭，哭而又复饮，且狎妓纵欲，不啻我国醇酒妇人之信陵君，于日本屈服之前数月，大醉而死，或谓其仰药自戕云。"

吴昌硕曾应白石六三郎的邀请，撰《六三园记》，勒石园中。后来，白石六三郎又自龙华移来老梅一株植于六三园中，吴昌硕也赋诗记之。第二年春天，梅花盛开，白石六三郎又邀吴昌硕在梅树下饮酒。吴昌硕还应白石六三郎之意，作水墨画《崩流激石图》，还作有诗集《六三园宴集》。1926年初夏，吴昌硕与王一亭在六三园相聚，摄有纪念照片一张。吴、王两人均穿白色长衫。次年吴昌硕逝世，王一亭见照片，即题词曰："去年曾聚六三园，席满嘉宾酒满樽。静听叶娘鼓瑟事，灵光惟摄影归存。丁卯冬仲，缶翁已归道山，有人琴之感，白龙山人题。"钤有"王震大利""一亭"印章各一。该照片曾刊于青山杉雨编印的《吴昌硕亡画与赞》（东京二玄社1976年4月出版）。吴昌硕逝世时，白石六三郎及吉井民三郎、柴田六次、日本商工会长米田纹吉等均参加大殓。"当吴昌硕作古，园中即展出日人所藏昌硕的遗墨，

吴昌硕应白石六三郎之意而作的水墨画《崩流激石图》

北 虹 口： 历 史 与 风 景

BEI HONGKOU: LISHI YU FENGJING

六三园遗址

附有昌硕后人东迈珍藏之品。昌硕的最后绝笔墨兰，也陈列其中。"

　　1929 年 11 月 10 日，在吴昌硕逝世二周年之际，上海中日人士在六三园举行追荐会，出席者 1000 多人。中国方面有王一亭、朱古微、叶誉虎、曾农髯等，日本方面有横竹平太郎、堺与三吉、山田谦吉、井手三郎、田边辉雄、越智喜三郎、立川团三、友永霞峰、土屋计左右、吉井民三郎等。1929 年 11 月 20 日《申报》刊登个簃《安吉吴昌硕先生己巳追荐会记事》一文，其中写道："园主白石六三郎，雅重先生为人，会场布置，皆君及友永君预为设计，在园中草地空旷处植木以架，以色布幕端高楣红地金色吊文，广丈余，袤数丈，中设几筵炉香瓶卉，位置楚楚，其他杂陈果食时物清醇苦茗之属。其上巍然供奉先生执卷小立影像，道气迎人，依然生前笑貌。"东亚同文书院院长山田谦吉在会上致辞说："先生书画篆刻，天然自成一宗派，可以表见东方之艺术的真精神，绝对非西方人所能领悟，然余崇拜先生，不在艺术，而在文学。此则先生毕生抱负与性灵学问所寄托。"

北 虹 口 : 历 史 与 风 景
BEI HONGKOU: LISHI YU FENGJING

持志大学全景

持志大学早期校址，
今上海外国语大学

私立持志大学

SILI CHIZHI
DAXUE

 1922 年 11 月，北洋政府颁布《学校系统改革案》，教育目标重点：适应社会、平民教育、个性发展、国民经济、普及教育。同时，国内兴起办大学之风。

 私立持志大学创立于 1924 年。校长何世桢（1895—1972），号干臣，字思毅，安徽省望江县吉水人，1918 年，毕业于北京大学英文系，后赴上海东吴大学攻读法律系。1921 年，赴美国留学，1922 年，与胞弟何世枚在美国密歇根大学研究生院法学系博士毕业。回国后在东吴大学执教法律，后任上海大学英文系主任。1924 年秋，与胞弟何世枚决定创办大学，在卡德路（今石门二路）9 号设立筹备处，定名持志，即继承祖父何汝持"兴学育才"之遗志。10 月，筹备完成，暂借虹口西体育会路灵生工业学校旧址为校舍。

 1925 年春，持志大学正式开学。分文、法两科，文科分国学、英文，法科分法律、政治、商

持志大学校舍一角

117

学、经济等系。教授均为国内外知名之士。如中文系叶楚伧教授、英文系孙邦藻教授、政治系夏晋麟教授、商科童逊瑗教授等。同年，因学生增多，在校舍之东新建一幢宿舍，可容学生 300 人。宿舍前的空地，建 1 个篮球场、2 个网球场。

1927 年，持志大学成立校董会，董事 7 人：张继、居正、黄宗汉、陈去病、何世模、何世桢、何世枚。张继任董事长。同年，新设法律系，由何世桢兼主任。

1928 年，因叶楚伧教授离沪，改聘胡朴安为中文系主任，并改系名为国文系。同年聘李培恩为商科主任。李培恩，1910 年，毕业于美国基督教长老会在杭州兴办的育英书院（1914 年，改为之江大学），后考入东吴大学就读，毕业后赴美国留学，1919 年，获芝加哥大学文学硕士学位，1921 年，获纽约大学工商管理硕士学位。在他的建议下，该校创设持志实验银行，分文书、会计、信托、汇兑、出纳、存蓄等部，按照银行惯例，供商科学生实习。

1929 年 7 月，国民政府颁布大学暨专科学校组织法及规程，规定大学与学院等之称谓与内容。1930 年 4 月，教育部召开第二次全国教育会议，讨论改进全国教育，对高等教育分三步整理。即用全力使高等教育内容充实，程度提高，作质量之改进，不作数量之扩充，通令私立大学限期立案。当时

马相伯与持志大学国学系主任胡朴安（左）

教育部规定，大学须有 3 个学院以上，创办年代在 3 年以上，有负担经费的校董会，及自建的校舍等基地。持志大学具有上述条件，于同年暑期呈请立案，并于次年 10 月获教育部核准立案。立案时，将商科改为商学系，归并法科。因无理工科，核准的校名为"私立持志学院"，但在社会上，仍以"持志大学"为名。当时学生千余人，毕业生服务社会者日增。留学海外者，为数不少。

近代上海市区的两个华界——南市与闸北被租界割开，管理和交往十分不便。中华民国建立后，市政厅曾决定兴建一条绕过租界的环形马路，不仅能将南市、闸北连接起来，还可以通过这条马路来限制租界的越界筑路。1928 年 3 月，上海特别市政府开始辟建环路，并取名"中山路"。中山路从闸北的交通路起，越沪宁

持志大学学生在街头募捐

铁路，跨过苏州河，经斜土路，与龙华路相接。到 1929 年底基本完工。从 1930 年起，又开始修筑从交通路向东的环路，从交通路向东北，穿沙泾港，再折北与水电路相接。何世桢祖父何汝持在沪西购有地产约百亩，原计划在虹桥路建造持志大学校舍，不意中山路工程，在校址规划图里斜贯而过，将一块方形基地，截成两个三角形，故不得不另在江湾选址。而江湾自 1921 年复旦大学自徐家汇迁来后，迅速成为上海的教育新区，大、中学校宛如雨后春笋般出现，持志大学选择江湾作为校址，适逢其时。

为此，何家将原有地产出售一半，得现款 30 余万元，在水电路购得新地，约 50 亩。同时，筹得其他经费，共有 40 余万。以 12 万元为基金，余则建筑新校舍，添置设备。这也是教育部核准条件之一，即须有自建的校舍基地。

1931 年 3 月 11 日上午，举行新校舍奠基仪式，何世桢、何世枚、何世模三兄弟均出席。何世桢躬身，自举犁破土，然后乐声响起。新校舍计三层楼宿舍和大礼堂 1 幢，二层楼教室及图书馆 1 幢，8 月竣工。宿舍可容 1200 名学生。图书馆有中文书籍 18000 余册，西文书籍 6000 余册，杂志 80 余种。新校舍由彦记建筑事务所乾元工程师设计，一切设备，均仿法国里昂大学。同年 8 月竣工。秋季开学时，大学部即迁入新址。体育会路旧址则为附中使用。

1932 年一·二八淞沪抗战爆发，2 月 3 日下午 4 时，侵华日军冲入体育会路持志附中，用刺刀残杀门卫茶役，女茶房逃避不及，亦被杀死。并将附中建筑物全部纵火焚毁。10 日下午 5 时，日军又冲入水电路持志大学，先用机关枪向门警扫射，继而纵火焚烧，将校内建筑全部毁坏。同年 3 月，校董会租公共租界小沙渡培成女学校址开学，以免学生失学。又以学生因战争而经济困难，特定新章，减免学费。同时对被毁房屋进行修建，亦于秋季完成。同年秋季，大学部重返旧址开学，中学部暂赁赫德路（今常德路）校舍开学。

抗日战争爆发后，面对国难，教育宗旨有所变化：为复兴民族教育，为提倡生产教育。在复兴民族教育中的主要运动，则提倡固有的道德文化，并使青年一起参加军训，以冀文人武化，各能自卫。此外用科学方法，振兴实业，巩固国防。至于生产教育，乃以经济的生产为目的，教育学者均需实地参与，以劳作为教育手段。持志大学的文科教育主要是研究学术、陶冶性格，法科教育声誉日升，从东吴法学院、北平朝阳学院等转学来校者，多于往日。商学系分银行、会计、国际贸易、工商管理等专业，毕业生大多在银行及政府机构任职。

持志大学同学会于1926年6月成立，初名毕业生同学会。第一届毕业生，多为英文系学生，获美国密歇根大学、哥伦比亚大学、加利福尼亚大学、芝加哥大学等认可，可自由转读。1931年8月，新校舍落成，又逢母校在教育部立案。持志毕业生同学会假座西藏路宁波同乡会大楼举行庆祝大会，游艺节目有歌舞、京剧、电影等。该会会员原限于持志大学毕业同学，后改名持志同学会，凡曾就读持志的同学，无论是否毕业，均可成为会员。1932年2月，校舍被毁时，持志同学会致电我国驻日内瓦首席代表颜惠庆，请他向国际联盟提出严重抗议。电文说：敝校中学部及大学部，于3日及10日为日兵纵火，全部被毁，两场损失，不下百万。文化机构惨遭摧残，特电请向国际联盟提出严重抗议。

体育活动是持志大学的强项，学校设体育会，组织足球队、篮球队、网球队、

持志大学男篮队合影

持志大学女篮队合影

游泳队等，该校篮球队在上海有常胜军之称，在 1925 年一个学期中，六次参加上海篮球锦标赛，全胜。1926 年 10 月 30 日，《申报》记者评论上海篮球界的前锋、中锋、后卫杰出人才，持志大学均有人上榜。如前锋谈达华，广东人，持志球员，"短小精悍。夺球之道，具见功夫。盘球敏捷异常，堪称佳角"。中锋欧阳旭辉，持志球员，"躯干伟大，功架自然有长子之称，固一纯粹体育家资格也。对于跳球时之拍球功夫，一时无两。篮底入球，此君专美，奔驰合法，镇定异常，不易得之人才。"后卫倪光祖，持志球员，"守卫有方，眼光敏锐，抢球快捷，不畏强敌。与谈达华联络，勇敢非常，人有跌不死光祖之句。后卫之佳，允称独步海上"。

持志大学有两位女教授，一为蒯淑平，一为夏牛惠珍，皆在英国留过学，且各有自备车。故该校每于女教授上课之日，必可见有黑色汽车风驰电掣而来，蒯淑平由司机开车，夏牛惠珍则由其夫、麦伦书院院长夏晋麟博士驾驶。这也是江湾学区的异样风景。

两次淞沪抗战，江湾是侵华日军进攻的战略重点，水电路上的持志大学也成为

持志大学女生

北 虹 口 : 历 史 与 风 景

BEI HONGKOU: LISHI YU FENGJING

上海第二日本高等女学校

战场。在 1932 年一·二八淞沪抗战中，持志大学被侵华日军占领，2 月 22 日下午，中国军队向持志大学侵华日军据点发动进攻，全歼日守军 700 余名。在 1937 年八一三淞沪抗战中，9 月 15 日，敌军向持志大学中国军队阵地进攻，但是冲锋数次均被击退。同年 10 月，作家谢冰莹与田汉一行，因大场战事吃紧，采访中国军队，一位师长说，"今夜我军向敌人总攻，现在已经开始了。但还没有到激烈的时候"。谢冰莹在她的日记中写道：在回市区的路上，"在风驰电掣的汽车中，望到了被敌人毁损的持志大学，一扇倒塌了半截的大门，寂寞地站在那里迎受凄凉的月光照耀"。夜里，远处的炮声又一阵阵地响起来，持志大学破损的建筑，令人伤感，但她想起那位师长的话："虽然敌人的大炮飞机猛烈，但是我们有血肉和头颅，精神能战胜物资，我们是不会失败的。""只要我们有决心与敌人长期抗战，最后胜利一定是属于我们的。"

1939 年 9 月 14 日，持志大学及附中停办。

1941 年 10 月 25 日，在西体育会路持志大学最初的旧址，日本居留民团建造上海第二日本高等女学校，次年 4 月 4 日开校。

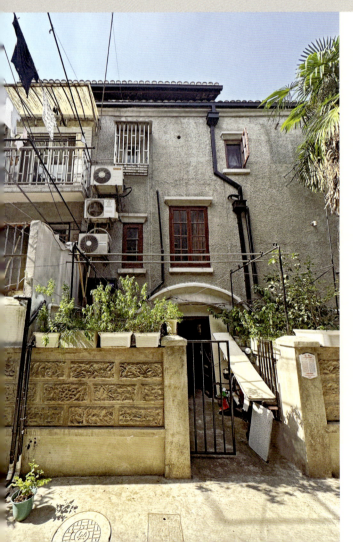

尾崎秀实旧居纪念铭牌

花园里，尾崎秀实旧居

红色间谍尾崎秀实

山阴路原名施高塔路，为上海公共租界工部局 1911 年的越界筑路。1943 年，更名为山阴路。山阴路 145 弄，名花园里，建于 1927 年，有砖木结构洋房 28 幢，具有日本"长屋"的风格。靠近弄堂口的 2 号，曾是红色间谍尾崎秀实的旧居。

在第二次世界大战中，有一位名叫佐尔格的红色间谍身手不凡，当希特勒即将进攻苏联的前夕，他准确地向斯大林发出战争警告："德国的进攻将在 1941 年 6 月 22 日拂晓全面展开"，但是这份情报没有受到斯大林的重视。第二份有关日本不会出兵西伯利亚攻击苏联的情报则得到斯大林的高度重视，在莫斯科保卫战的危急关头，斯大林紧急抽调远东的后方军队到前方，终于取得这场决定苏联命运战役的胜利。

其实，作为红色间谍，佐尔格并不是孤胆英雄，他的重要助手是日本《朝日新闻》特派记者尾崎秀实，而上海曾是他们活动的重要舞台。

佐尔格，1895 年 10 月 4 日出生，德俄混血裔，曾参加过第一次世界大战，并获得二级铁十字勋章。1919

佐尔格

年 8 月，佐尔格在汉堡大学获得政治学博士学位，并加入德国共产党。后到莫斯科，加入苏联国籍，并成为共产国际国际联络部情报人员。1929 年，加入苏联红军总司令部负责军事情报工作的四局，而掩护其活动的身份是新闻记者。

1930 年 1 月 10 日，佐尔格以德国农业报纸和《社会学杂志》特派记者身份来到上海，从事中国情报的收集工作。当时苏联情报人员在远东的一项重要任务就是用各种手段削弱日本对苏联的压力，防止日本进攻苏联。为此目的，日语流利的佐尔格在上海通过《法兰克福报》驻远东记者、美国左翼作家艾格尼丝·史沫特莱的介绍，结识了尾崎秀实。

尾崎秀实，1901 年出生在东京。他曾长期随父亲居住在台湾，先后在台北的小学和中学学习，台湾民众反抗日本殖民统治的一系列事件在他的心灵中留下不可磨灭的印象。1919 年，他回日本，入东京第一高等学校学习。1922 年，进入东京帝国大学法学部政治学科，受当时进步思潮的影响，他阅读了马克思的《资本论》和列宁的《帝国主义论》《国家与革命》等著作，并开始关心中国革命的问题。1926 年 5 月，尾崎秀实由于成绩优秀，被《朝日新闻》东京本社录用，任社会部记者。1927 年，转任《朝日新闻》大阪本社中国部记者。1928 年 11 月，他实现了到中国工作的愿望，任

尾崎秀实

尾崎秀实

《朝日新闻》常驻上海的特派员。

最初，尾崎秀实和妻子英子借住在虹口吴淞路义丰里210号一家名为"丸屋"的日本服装店二楼。房东是服装店女主人小林琴。每天上午，他都要花几个小时阅读中外报纸，特别是各地见闻，以加深对中国社会现状的了解。当时的上海，正处于国共合作、北伐革命的浪潮中，他最初以探究者立场投入，最后却成为中国革命的协力者。

尾崎秀实和佐尔格相识后，很快成为其情报圈主要成员。他们每月会面两三次，地点既有市内的西洋餐厅，也有中国饭店和日本料理店，最多的会面地点是史沫特莱住所，即万国储蓄会公寓。佐尔格要求尾崎秀实提供的情报是以国民政府为中心的中国情况，例如，有关南京政府的军事力量分析，南京政府内政及其社会政策研究，各国（特别是日本和苏联）对南京政府的外交政策，南京政府及其各派系对美国、英国、日本的政策研究，在华外国军事力量的分析，等等。佐尔格说："尾崎是我的第一个，也是最重要的助手……我们的关系，无论是私交还是工作交往都非常融洽。他从日本人士那里为我搞到了许多准确、全面而又有价值的信息。我们相识不久便成了好朋友。"

1931年九一八事变发生后，日本侵占东北。当时日本军部有两份计划，其内容均已被莫斯科获知。其中一份为武装入侵中国的计划，另一份为对苏作战计划。当时，第一份计划已开始付诸实施，东北已纳入日本的势力范围。而苏联西伯利亚漫长边界线与日本军队直接面对，其安全成为莫斯科最关心的问题。苏联情报当局命令佐尔格必须尽快提供有关日本是否实施对苏作战的情报。

　　佐尔格接到命令后，在上海动员情报圈成员投入这项紧急工作，其中包括尾崎秀实。尾崎秀实则动员他的社会关系，包括中共党员杨柳青、史沫特莱和日支斗争同盟的川合贞吉（时任《上海周报》记者）。其中，川合贞吉两次被派遣到北京、大连、沈阳等地，通过日本满铁会社和新闻界网络关系，并在酒吧女招待那里收集情报。例如日本在东北的兵力、九一八事变的实态、今后的动向等。经过两个月的努力，他们根据情报得出的结论是：当时日本军队在东北仅3万人，制造九一八事变的主要目的是将东北完全从中国本土分离出去，在日本统治下建立新政权。日军下一步目标仍是中国，而不是苏联。尾崎秀实根据川合贞吉提供的情报，附上自己的见解，并翻译成英语，转交给佐尔格。佐尔格收到情报后，由于问题重大，并不敢轻易发出，他将尾崎秀实和川合贞吉请到家里，再次进行详细的询问，确认无误后，才将情报向莫斯科发出。佐尔格的这一情报给斯大林吃了一颗定心丸。

　　1932年新年前夕，尾崎秀实告诉佐尔格：日本将于近期加强对中国其他地区的扩张与渗透，很可能将进攻上海，有关作战计划已经制定。尾崎秀实说，日本的"目的是要迫使其他大国和中国政府满足日本的要求，允许满洲和内蒙实现自治，从而在事实上承认日本对该地区的控制。此外，日本计划夺取中国的商业动脉。进攻上海的主要目的是打垮南京政权。日本需要一个首先维护日本利益的南京政府"。佐尔格及时向莫斯科报告了这些情报。1932年1月28日，侵华日军果然发动一·二八事变，事态发展验证了尾崎秀实提供给佐尔格情报的准确性。

　　尾崎秀实工作的《朝日新闻》上海支局位于虹口赫司克尔路（今中州路）52号，离北四川路很近，由留日学生创办的新文化团体创造社也在附近。经日本记

十 一

尾崎秀实

尾崎秀实与女儿在上海

者山上正义介绍，尾崎秀实与冯乃超、郑伯奇、夏衍、田汉等密切来往，参加他们组织的进步文化活动，帮助他们开展左联的工作。夏衍在《懒寻旧梦录》中回忆道："我在1928年就认识了尾崎秀实，他是一个表面上看来是绅士式的记者，但是，他在当时却是上海的日本共产党和日本进步人士的核心人物，他领导过'同文书院'的进步学生组织，后来参加了第三国际远东情报局，和史沫特莱有经常的联系，并把国际上的革命动态告诉我们。"

特别令夏衍难忘的一件事，发生在1930年5月下旬。胡也频、冯铿等左联作家参加了在上海举行的苏维埃区域代表大会后，左联决定向全体盟员进行传达。但是，当时要找一个能容纳四五十人的会场十分困难。无奈，夏衍只能请尾崎秀实帮忙，尾崎爽快地答应了，说这个月位于虹口的日本记者俱乐部正好由他管理，除了星期六、日外，其他时间都可安排，但时间不能超过下午6时。那天，尾崎支开俱乐部管理者，将钥匙交给夏衍，一再嘱咐，不要大声讲话，会后请收拾干净，不要留下痕迹。但是，参加会议的左联盟员忘了那些约束，在会场里高呼"苏维埃万岁！""保卫苏联！"等口号，搞得夏衍跑上跑下，非常紧张，幸亏那天没有出事。

1931年2月7日，胡也频、冯铿等5名左联成员在龙华被国民党枪杀后，尾崎秀实立即在日本报刊上发布消息。左联决定发表《中国左翼作家联盟为国民党屠杀大批革命家宣言》和《为国民党屠杀同志致各国革命文学和文化团体及一切为人类进步而工作的著作家思想家书》，揭露和抗议国民党的血腥暴行。为了扩大国际影响，两个文件定稿后，计划先送到国外发表。日文由尾崎秀实和山上正义分头翻译，很快就在日本左翼文艺杂志上发表。尾崎秀实还怀满腔悲愤，用日语

十一

尾崎秀实

翻译了诗人殷夫在牺牲前两年创作的诗歌《让死的死去吧!》。

东亚同文书院以"讲中外实学,教中日英才""树中国富强之基,固中日辑协之根"为宗旨,主要培养精通中国事务的各种经济人才。但是,在20世纪二三十年代,东亚同文书院图书馆内可自由地阅读左翼文献,学生运动也时常发生。1930年初,日本左翼学生反战组织"日支斗争同盟"的活动也很活跃。最初这是一个读书会形式的中国问题研究会,后来感到不能光读书而应该有所行动,就发展成以"日支斗争同盟"为名的反战组织,成员大多数是东亚同文书院学生和新闻记者,尾崎秀实也是该组织秘密成员。其最引人注目的行动是针对上海日本海军陆战队的反战宣传。1930年11月7日,他们用柏油在海军陆战队的营房墙上刷上大幅标语:

打倒日本帝国主义!

联合中国苏维埃!

调转枪口,推翻资本家地主政权!

中国共产党万岁!

工农兵万岁!

这一天,正是俄国十月革命13周年的纪念日。

同年12月24日,日支斗争同盟将反战传单送到刚进入上海港的日本海军八云舰和出云舰的160名士兵手里,传单号召他们反对资产阶级,夺回军事权力,粉碎法西斯政权,建立工农大众新政权。这一行动令日本军方非常震怒,日本领事馆派警察到学院搜查，8 名日支斗争同盟成员被逮捕，大批左翼书籍被没收。

此后，日本左翼学生的活动更加活跃，先后有多名学生加入中国共产党，并在同文书院内成立中共支部。1933 年 3 月 2 日早上，日本领事馆警察又一次进入院内，逮捕了 19 名学生，中共支部的活动被迫中止。

1932 年 2 月，尾崎秀实从上海回到大阪，继续在《朝日新闻》社工作，就日本和东亚问题发表大量评论，从日本新闻界的"中国通"一跃成为日本社会各界公认的中国问题专家。1933 年 9 月，佐尔格奉命到东京搜集有关战争动向的情报。次年 5 月，他化名"南龙一"，再度与尾崎秀实联络。一天晚上，两人在大阪土佐堀一家名为"白兰亭"的中华料理店会面，次日又在奈良公园猿泽池紧急会面。

佐尔格来日本的主要目的是收集被苏联视为最具攻击力的日本陆军与空军的改编与增强，以及希特勒政权建立后日本与德国的关系，日本对华政策的动向，日本对英美关系，在日本对华关系中具有决定因素的日本军部的作用，日本的对苏政策，等等。当时，苏联最担心的是纳粹德国与法西斯日本从东西两端向其发动夹击。

接受佐尔格命令后，尾崎秀实感到要完成这些任务，必须到东京工作。1934 年 9 月，他设法调动工作，在《朝日新闻》社东亚问题调查会工作。在东京，他把曾在上海一起工作的川合贞吉、水野成等再度组织起来，分别深入日本一些重要军政部门收集情报。1937 年 7 月，尾崎秀实成为近卫文麿首相的"嘱托"（顾问）兼私人秘书，可以自由出入首相官邸，参加首相智囊团会议。他的工作主要是向首相提供有关中国的情况，提出对中国事务的处理意见。这使他不但对日本政府的决策非常熟悉，而且还能施加一定的影响，例如在内阁会议上强硬反对日本向

十 一

尾崎秀实

苏联开战。曾任外交大臣的重光葵在战后说："日本政府尚不知在政治中枢养了一个最危险的间谍。他们在共产国际的指令下，为改变日本的政策也绞尽了脑汁，他们实际上是完全达到了目的的成功者。"

1941年6月，德国向苏联发动突然袭击，日本军队南进还是北上成为斯大林最焦虑的问题。7月2日，日本御前会议决定在德国与苏联的战争中保持中立态度，同时推动南北统一作战的计划，决心与英美开战。尾崎秀实得知日本政府这一绝密部署后，以"年内日本不会对苏联开战"的重要情报，于同年8月迅速提供给佐尔格。9月14日，佐尔格将这一情报用密码电报密报给莫斯科："苏联的远东地区是安全的，来自日本方面的威胁已排除。日本不可能发动对苏战争。相反，日本将在下几周内向美国开战。"

尽管日本外相在公开场合宣称将同时在北方和南方开战，但斯大林根据佐尔格提供的情报，知道日本的这一表态只是虚张声势而已，根本不作理会，果断地从远东地区调动苏军11个步兵师和坦克师，为莫斯科保卫战集结了25万精锐部队，在危急时刻扭转了战局。

1941年10月15日，尾崎秀实被捕。10月18日，佐尔格也在东京被捕。东京法庭宣判时称尾崎秀实等人"彼等不怕牺牲，积极努力，用巧妙之手段，长期进行侦察活动，其于帝国圣业、国家安全、大东亚战争及友邦胜负，危害之大，令人战栗"。

1944年11月7日，日本军国主义特意选择十月革命纪念日，将佐尔格和尾崎秀实等人在东京秘密绞死。

北虹口：历史与风景
BEI HONGKOU: LISHI YU FENGJING

十二

兴业坊

兴业坊:
李香兰最后的上海居所

XINGYE FANG:

LI XIANGLAN ZUIHOU DE SHANGHAI JUSUO

兴业坊,位于山阴路 165 弄,1931 年由浙江兴业银行投资建造,故名兴业坊。弄内有四排连贯式三层砖木结构房屋 72 幢,属于新式里弄,每幢房屋前面有半墙空地,可种植花木。这也是日本明星李香兰在上海的最后居所。

夜来香,又名月下香,是一种在月光下开放的充满香味的白花。20 世纪 40 年代,上海流行着一首名叫《夜来香》的歌曲:"那南风吹来清凉,那夜莺啼声凄怆,月下的花儿都入梦,只有那夜来香,吐露着芬芳。我爱这夜色茫茫,也爱着夜莺歌唱,更爱那花一般的梦。"这是一首轻快的慢伦巴舞曲,在旋律和节奏上,采用欧美风格,充满异国情调,在结尾的重复部分,注入中国音乐的风格,使其更加抒情。歌曲特别留意夜色的花,夜深的梦,折射出夜上海的别致风情。

这首取材于美丽花名的歌曲是电影《春江遗恨》的插曲,由中国作曲家黎锦光(笔名金玉谷)创作。黎锦光出生于湖南,有"新音乐的旗手"之称,时任上海百代唱片公司音乐部主任。他创作的《五月的风》《疯狂世界》《采槟榔》《哪个不多情》《拷红》等都是流行上海的经典歌曲,不少歌手都是唱了他的作品而一举成名的。据说,黎锦光创作完《夜来香》以后,原来准备让周璇、姚莉等中国歌

1941 年，录制唱片时的李香兰

十二

李香兰最后的上海居所

手演唱，可能是音域太宽的原因，她们试唱了几次却怎么也唱不好。一天，李香兰偶然来到黎锦光办公室，随手从钢琴上拾起《夜来香》的歌谱，轻轻哼唱后十分喜欢，便恳求黎锦光把这首歌给她唱。《夜来香》从此成为李香兰的成名曲，风靡上海，流传全国。后来，日本作曲家服部良一将它介绍到日本，又很快在全世界流行，先后被改编成英、法、日、泰、粤等多种语言，近60个版本。半个世纪来，在历次上海怀旧歌曲演唱会上，《夜来香》总是作为经典曲目出现，而首唱者李香兰的名字也没有被人遗忘。

李香兰，原名山口淑子，1920年出生在中国沈阳近郊的北烟台，不久即随父母移居抚顺。其父山口文雄出生于日本九州佐贺县，祖父山口博是武士家庭出身的汉学家。山口文雄从小受父亲的熏陶，很早就开始学习汉语，并于1906年到北京的汉语专门学校——同学会学习，后经友人介绍进入满铁株式会社工作。李香兰的母亲是日本九州福冈人，因投奔在抚顺开厂的叔父而移居中国。李香兰的父母是在中国抚顺相识而结婚的。

李香兰是山口家的长女，深受父母的宠爱。父亲希望她将来能从事中日关系的工作，特别是能成为新闻记者或政治家。李香兰很小的时候，父亲就教她学习汉语，到小学毕业时，已能说一口流利的中国话了。1933年，李香兰在沈阳被父亲的结义兄弟、沈阳银行总裁李际春认为义女，并取中国名字为"李香兰"。有人说，日本关东军为了将她改扮成中国女演员而特意给她起了这个名字。其实，"李香兰"的名字来源于义父女的结成。"李"是义父的姓，"香兰"用的是义父"俳句"的雅号。"Li Xiang Lan"这一富有音乐性的注音和汉字笔画的"香"和"兰"

所酿成的气氛，令李香兰非常喜欢。1934 年，李香兰又被后来出任伪天津市长的潘毓桂收为义女，改名潘淑华。

1933 年，日本扶植的伪满洲国奉天电台根据日本政府的旨意，为倡导所谓"日满亲善""五族协和"，组织一些中国民谣和流行歌曲加以谱曲，或募集新歌曲，定名为"满洲新歌曲"，在电台上反复播放。为此，奉天电台向社会招募专职女歌手，条件是：歌手必须是中国少女，会读乐谱，能说标准的北京话。为了与电台的日本职员相配合，也要懂日语。但是，符合条件的中国少女都不愿与日本方面合作，歌手的招募工作陷入困境。

奉天电台的日本人科长曾在一次音乐会上听过李香兰的独唱，很欣赏她的演唱水平，打听到她会说流利的北京话后，就极力要求她担任"满洲新歌曲"的专职歌手。但是，李香兰是日本人，以日本人来担任"满洲新歌曲"的歌手就有点滑稽。无奈之下，奉天电台要她扮作中国人，以"李香兰"的名字登场："在播音的时候，不谈经历，只说由李香兰演唱，再把歌名、作词者、作曲者和编曲者的名字报出来。"因此，李香兰在演唱"满洲新歌曲"时，听众中，无论是中国人还是日本人，听到"李香兰"这个名字都以为她是中国人。而只有她自己知道其中的秘密："这个李香兰的真面目，则是我这个日本人的山口淑子，尽管我还是一个不晓世事的少女，但我同满洲国一样，也是由日本人一手制作出来的中国人。"

1938 年，她又以"李香兰"为艺名，成为满洲映画协会（简称"满映"）的正式演员。作为伪满洲国的电影制片发行机构，"满映"是日伪反动势力为强化其思想统治、奴化中国人民，直接为侵略战争服务的宣传机器。李香兰先后主演了

《蜜月快车》《白兰之歌》《迎春花》《万世流芳》等影片。

李香兰作为唱片歌手的第一首歌是1939年为帝蓄（帝国唱机）公司录制的《再见吧，上海》（时雨音羽作词，古贺政男作曲）。她演唱的《苏州夜曲》《何日君再来》《卖糖歌》等也风靡一时。

1940年，李香兰为拍摄电影初次访问上海。以后，几乎都住在上海，直至战争结束。

服部良一（1907—1993），大阪出身，近代日本新音乐的开创者之一。中文名夏瑞龄。曾在京都大学交响乐团向俄国人指挥家埃马纽尔·梅特学习和声学、作曲学，后在大阪大学广播电台乐团任萨克斯管手，对美国作曲家乔治·格什文的作品有浓厚的兴趣。

服部良一的第一次海外旅行就是到上海。抗日战争爆发后，他以萨克斯管手的身份参加《东京日日新闻》慰问团，与当时的红歌手松平晃、伊藤久男等到上海，约4个月的时间，历访中国各地。20世纪30年代，上海是东方的巴黎。电影、戏剧、芭蕾舞，管弦乐团、爵士乐等各个艺术门类，上海都是亚洲的顶峰，也是日本爵士音乐家向往的"发源地"。服部良一在上海"头一次接触了欧洲和美国的音乐，也学习了以往毫无所知的中国传统音乐"。

《苏州夜曲》是服部良一为李香兰费尽心思写的曲子，该曲以中国乐曲作为曲谱的底衬，含有美国式的柔情蜜意的情歌风格。

  偎在你的环抱里，侧身细听，

北 虹 口： 历 史 与 风 景

BEI HONGKOU: LISHI YU FENGJING

李香兰与中国电影演员合影。左起白虹、姚莉、周旋、李香兰、白光

十二

李香兰最后的上海居所

梦幻般的歌曲，嘤嘤鸟歌。

水之城苏州，花谢春去，

惜别的杨柳，暗自抽泣。

服部良一为了写出战时日本人灵魂深处的啜泣，曾拜托作词家藤浦洸到横滨专为外国人开设的本牧小酒吧（洋式花柳店）去采访。可是，他拿回来的歌词只有二句："只要打开窗户，就可以看到港口。"服部良一见了很生气，他说："单写只要打开窗户，就可以看到港口，不太有点情歌俗曲味了吗？这与说狗头朝西尾巴朝东有什么差别？"见服部良一发火，藤浦洸赶紧又添了一句："可以看到美国码头的灯火。"这一句话，使服部立即产生了灵感，他自言自语地说："不是美国布鲁士的布鲁士，不是流行歌的布鲁士。"于是，一首像啜泣似的低音前奏曲诞生了：

只要打开窗户，就可以看到港口，

看到美国码头的灯火。

今天开出的船，乘着夜风、海风和爱情的风。

不知将驶向何方？

啜泣的心，无常的爱情。

布鲁士曲啊，真叫人心酸！

《离别的布鲁士》由日本流行歌手淡谷典子首唱，后在日本流传，从国内到海外，唱片每天的销售量达到5万张。在中国，《离别的布鲁士》成为厌恶战争的日本士兵的思乡曲，因而被日本军方以"颓废而有挫伤士气的敌性音乐"为理由禁售。"但据淡谷典子追述往事时说：这首歌尽管在日本国内遭到禁售，可是在中国大陆的前线慰问中，却是一首最受欢迎的歌曲，在士兵的强烈要求下，作为一个歌手是无法拒绝的，所以每次都做好被宪兵队逮捕的准备而演唱的。演唱一开始，前来监视的军官们，便有意识地装着打盹儿或像突然想起了什么事儿而离开座位走出会场。前线的士兵们，对淡谷小姐那种像从灵魂深处唱出的布鲁士，简直听得入了迷，会场静得鸦雀无声，士兵们一动不动。唱完之后，淡谷小姐自己也红了眼圈，急忙跑到走廊去，一看，刚才那些机灵而故意离开会场的军官们，实际上并没有走，都聚集在走廊里倾听着，而且每个人眼里都噙着泪。"

1945年4月，美军在冲绳登陆，伪中华电影联合股份有限公司（简称"华影"）的拍摄工作全部停止。主要成员中的浑大防五郎、筈见恒夫、清水晶等人没有从军，撤退回国了。"华影"有关人员由于无法再拍电影，于是提出了举行大型音乐会的计划。服部良一积极响应，提出起用李香兰，举行幻想曲音乐会的方案。当时，服部任上海陆军报道部非正式的报道员，其上司中川牧三，毕业于庆应大学，后到欧洲留学，是一位意大利培养的男高音歌唱家。他白天穿军服，晚上穿西服，像一个穿着入时的绅士一样出入上海的社交界。

他常常劝报道班的人晚上穿便衣活动。"上海是个特殊的地方。人们讨厌军人。穿军装危险。你们这些报道班的人也许是佐官待遇，但这种官衔在中国人社会没

十 二

李香兰最后的上海居所

有用。还是作为一个艺术家自由地与中国人、外国人交往好。"

服部良一与在上海的渡边滨子和自己的妹妹服部富子等歌手在大光明影戏院举行过音乐会，观众大部分是日本人，反映尚可。中川牧三多次表扬说："文化工作就应该这样搞。"

由于那次音乐会的成功，服部良一才提出了举行李香兰音乐会的计划。在演出人川喜多长政、上海交响乐团经理草刈义人、音乐总导演服部良一号召下，野口久光、辻久一、小出孝等留在上海的"华影"工作人员，以及芭蕾舞演员小牧正英等人也参与了这个计划。大家共同的想法是："与其为日本人，不如为中国人、外国人举行一场令人发狂的梦一样美的精彩的音乐会，也就是说，要搞一场世界最高水平的音乐会。"

在计划会议上，中川牧三提议说："服部与李香兰搭档，唱一组受欢迎的电影主题歌。"服部良一说："上海交响乐团是有世界水平的外国人组成的乐团，最好以交响爵士乐为基调，由李香兰演唱。"

当时的上海交响乐团，号称东方第一，在世界上也负有盛名。团员以意大利人、犹太系的德国人、澳大利亚人、白俄人为中心，总共60人，服部良一的恩师梅德尔曾客串指挥好几次。

中川牧三说："那当然很有气魄。但是，用水平这样高雅的交响乐团为流行歌曲和爵士乐伴奏比较困难。"

服部良一平素就强烈希望能够指挥第一流的交响乐团，演奏格佐文幻想曲交响爵士乐。他说："李香兰唱的不是流行歌曲，主要是欧美和日本的古典歌曲。主旋律用乔治·格佐文的交响爵士乐，这样，古典歌曲和爵士乐的爱好者都会喜欢，中国人、欧洲人、美国人，总之，所有的人都会喜欢。"

　　对于日本报道部的军官中川牧三来说，这些均为"敌国"音乐，应该取缔。但他考虑了一下，做出了音乐家的决断："好吧。但是，标题上不要加幻想曲、畅想曲之类的西洋文字，因为报道部里有难以理解的可恶的军人。而用日语和中文来标示，用幻想曲这三个字。"

　　音乐会第一部分是欧洲及日本歌曲，第二部分是中国歌曲。这二项内容很快就决定了。但是，关键的第三部分，即交响爵士乐幻想曲的主题曲却很难选定。

　　"因时局的关系，应避开欧美的曲子。"

　　"应该用欢快明丽的旋律，使人情不自禁地想跳起来。"

　　"从文化工作的目的来看，最好选能用中国话唱的歌。"

　　"这可以发挥李香兰声音特点的女高音歌曲，而且要与交响爵士乐谐调。"

　　大家侃侃而谈，议论纷纷。这时，野口久光突然举手说："用《夜来香》吧。那是她的歌，明快的伦巴，也可以用中国话唱。请服部把去年最流行的《夜来香》配上古典、爵士、中国调等各种旋律重新编曲，由上海交响乐团和有二胡、笙、琵琶的中国音乐团演奏。整个曲子由李香兰一个人独唱。"经过讨论，确定了中日合作音乐会的构思，工作人员的阵营也确定下来：

　　　　制作：演出人川喜多长政、上海交响乐团经理草刘义人

　　　　音乐指挥和编曲：服部良一

剧本构成：野口久光、辻久一

舞蹈创作和指导：芭蕾舞演员小牧正英

舞台：小出孝

演奏：上海交响乐团

指挥：陈歌辛、服部良一

服部良一接受任务后，首先躲到横滨正金银行上海分行长河村家里，在那里闷了两个星期，专心致志地写了约20首曲子，河村家里有一架欧洲名牌的三角大钢琴，服部良一可以自由地出入河村家的客厅。

服部良一回忆说："在战时的日本无论如何也不可能采用的格什文手法，我却尽情地在这次作曲中作了实验。"野口久光也回忆说："排练完毕后，服部总是要到我家，边大口大口地喝着啤酒和威士忌，边对新旋律和节奏交换意见，直到深夜甚至把时间都给忘记了。"

1945年6月，在上海最豪华的大光明影戏院，举行以《夜来香幻想曲》为主题的李香兰独唱音乐会，每天昼夜两场，共演三天。每场观众2000人。

音乐会由三部分组成，第一部是东西歌曲集，即日本和欧美歌曲。其中有《荒城之月》《院中千草》《喀秋莎》《黑眼睛》《祝酒歌》等。第二部是中国歌曲，有《四季歌》《木兰从军》《蔷薇处处开》《卖糖歌》等。第三部是《夜来香幻想曲》。第一、二部由中国作曲家陈歌辛指挥。第三部由服部良一指挥。为音乐会伴奏的是上海交响乐团。

　　1945年抗战胜利后，按照国民政府规定，在虹口地区设立日侨集中区，原散居在上海各处的日本人必须到那里集中居住，每天早晨6时前及晚上8时后为留营时间，不得外出。原居住在租界公寓内的李香兰和日本电影公司三个同事以一个家族的名义被集中在山阴路兴业坊的一所住宅里。她回忆道："我们所住的就是入口最近一排楼的下面。"她住的是门旁的一间小屋。一般日本人白天只要佩戴"日侨"袖标就可以自由外出，但作为大明星的李香兰则被置于软禁状态。门前有站岗士兵，对她的出入实行严格的检查。

　　同年9月下旬，国民政府开始在全国范围内逮捕汉奸，至年底共逮捕了汉奸4692人，其中移送各地高等法院审理者4291人，移送军法机关审理的334人。同时，国民政府颁布《处置汉奸案件条例草案》，其第四款指出：司法机关对"敌伪管辖范围内之文化、金融、实业、社会团体人员，凭借敌伪势力，有不利于人民之行为，经人民控告者，进行起诉"。在上海，一批与敌伪合作的电影明星受到民众的控告而被捕，同样有理由将李香兰列入汉奸名单，其罪行是："身为中国人，却拍演沾污中国的电影，以协助日本的大陆政策。"但是，李香兰被捕的消息迟迟不见上报，而李香兰是日本人的消息却开始在社会上流传。

　　李香兰是日本人吗？大多数中国民众并不相信。他们认为这是李香兰的诡辩："你在战时通过豪华的银幕出卖了祖国，一旦要追究你的汉奸罪行，便诡称是日本人，躲进日侨区，企图逃往日本。"上海民众要求惩办李香兰的呼声高涨，报上有文章说：李香兰不单有中国名字，能自由自在地说一口流利的标准北京话，而且从骨相学上来看，她的面貌也总带有中国人的血统。有的报纸甚至刊登惊人的消息，说李香兰将于12月8日在跑马场被执行死刑。日本国内也有传言说，李香兰已被中国当局割掉了舌头，使她再也不能唱歌。李香兰在北平的父亲山口文雄保存了刊登李香兰将被判死刑消息的中文报纸，准备在确认李香兰死亡后，把12月8日当作女儿的祭日。

此时的李香兰依然居住在兴业坊，国民政府有关官员对她说：通过中国和日本有关人员的证言，大体已经弄清了她是日本人，真名是山口淑子。但是，"大多数中国民众仍坚信你是中国人血统"，"外面传说的所谓死刑说法，其实是民众的一种示威，要求当局尽速地把你从日侨集中区拉出来，关进监狱，进行严正的审判。审判的结果，如果证实了在你身上哪怕有一点点中国血统，也要以汉奸罪处以极刑"。因此，取得日本国籍的身份证明，将是决定李香兰生死的大事。

正当李香兰为如何取得国籍证明而烦恼的时候，国民政府有人劝说李香兰，只要她答应为国民政府当间谍，到东北去刺探有关中共的活动情报，便可取消对她的审判，并送给她洋房、名牌车子（卡迪拉克），配备秘书、佣人，提供她希望的一切东西。但遭到李香兰的拒绝，她说："您说可以宽恕我的汉奸罪，但我不是汉奸。我是以李香兰的中国艺名进行女演员工作的人，我是日本人，我的真名叫山口淑子。我对日本的国策虽然进行了协助，那是因为我是日本人。"或许是李香兰的这一番辩白，使国民政府更相信她的日本人身份。

在生死关头中帮助李香兰逃出厄运的是俄罗斯姑娘柳芭。柳芭是犹太裔俄罗斯人，与李香兰同龄。柳芭的父亲曾在抚顺经营一家面包店，她会说流利的日语，也会说中国话。李香兰在抚顺上小学时与她相识，并成为好朋友。柳芭与李香兰父母也很熟，并知道他们是日本人。柳芭一家都是苏联的布尔什维克，抗战胜利时，柳芭正好在苏联驻上海领事馆工作。当她从报上看到李香兰是汉奸的消息后，便到虹口来看望她，希望李香兰能找到证明日本国籍的文件。李香兰说在北平的父母亲手里可能有从日本的村公所要来的户籍誊本。只要向军事法庭提出户籍誊本，也许能成为日本国籍的有力证明。柳芭答应有机会到北平出差时，一定为李香兰将户籍誊本取来。

柳芭在接到李香兰的委托后，果然利用出差机会到北平。她对李香兰父母说，情况非常紧急，审判马上就要开始了，为了李香兰能获得无罪判决，需要将证明日本国籍的户籍誊本送给她。说完，柳芭就回下榻的宾馆了。李香兰父母得知情况后急忙把保存完好的户籍誊本缝进一个以藤花装饰的日本女偶人中，又将藤花女偶人放进一只小木箱内，然后再托柳芭交给李香兰。由于柳芭当时是战胜国苏联的外交官员，为了不给她添麻烦，李香兰父母没有告诉她藤花女偶人中内藏户籍誊本的事。柳芭是个聪明人，她不露声色地接下木箱，回到上海后，自己也不出面，而是派人将木箱交给了李香兰。

1946 年 2 月中旬，李香兰被传唤到国民政府设在上海的军事法庭。由于李香兰提交了证明自己是日本人的户籍誊本，法庭在对户籍誊本的可信性进行审查后，最后解除了李香兰的汉奸嫌疑，宣告其无罪。但是，法官也对李香兰进行谴责："本庭负责审判的宗旨，在于制裁那些身为中国人而背叛中国的汉奸罪，现在既已证实了你的日本国籍，自应宣布无罪。然而，在伦理上和道义上你是存在问题的。你以中国人的艺名，演了一系列电影，在法律上虽不适用汉奸审判，但本法庭却

十 二

李香兰最后的上海居所

兴业坊的住宅

认为是件很遗憾的事。"李香兰则在最后陈述中表示了忏悔："我虽然不能对一系列电影的规划、制作和剧本等都去负责任，但参加了演出是事实。尽管当时我还年轻，也应该承认自己的思想是愚蠢的，对此我深感内疚。"

法官同时指令有关方面，应尽快安排李香兰回国，并要求李香兰装扮成普通的日本女性，混在一般被遣送的日本人中间，不要让人知道。因为一旦被新闻记者获悉消息，在媒体上予以宣传，恐怕又会起新的风波。

回国的日期定在 1946 年 2 月底。回国前一天，李香兰在办理检疫手续时，特意穿一件破旧的日本妇女常穿的扎腿式劳动服，把头发梳成垂髻，竟没人发觉她是李香兰。当天正式上船时，李香兰比头一天打扮得更加衣冠不整，蓬散着头发。但轮到她时，女检查官反复地看名册、许可证和她的脸，接着便大声地喊了一声"李香兰！"并指令她离队。顿时，四个男检查官走了过来，异口同声地说："是李香兰！"尽管李香兰反复解释说法庭已宣布她无罪，但检查官仍以未接到指示为理由，坚持将李香兰扣留，不准她乘船回国。周围的日侨看到这一幕，纷纷嘀咕道："真是李香兰！她想逃到日本被抓住了！"

受此惊吓的李香兰不得不重返兴业坊。后来经与军事法庭审判长、港湾检查队斡旋，才于一个月后重新上船回国。

回国后的李香兰，恢复原名，婚后又改名大鹰淑子，并当上了参议员，从事中日友好活动。1978 年，曾以政治家、友好人士的身份来华访问。1992 年，为庆祝中日建交 20 周年，日本四季剧团根据李香兰自传改编的音乐剧《李香兰》来华演出。该剧从"一个历史的牺牲者"角度出发，塑造单纯善良的李香兰，有着希

兴 业 坊 ：

十 二

李香兰最后的上海居所

望日中友好的心愿，但被利用愚弄成为日本侵华政策的工具，受到中国人民的仇恨，揭露了日本军国主义侵华战争给中国人民带来的巨大灾难，最终表达了"日中不再战，我们同是黑发黑眼睛"的和平挚愿。

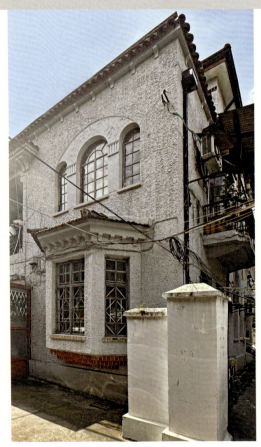

傅筱庵故居

154

祥德路：
刀砍傅筱庵

祥德路为虹口中区的一条马路，东起沙泾浜，西迄山阴路，筑于20世纪20年代。原名施高塔路底，1943年改名祥德路。祥德路26弄2号曾是汪伪上海市长傅筱庵的住宅。1940年10月11日上午5时30分，中央社的一则电讯稿惊动上海："做汉奸众叛亲离，傅筱庵被旧仆砍死。"事件的案发地为傅筱庵的住宅。

1937年八一三淞沪抗战后，日本侵略军占领上海。为实现日本奴役中国的侵略计划，日本特务机关在上海扶植一个汉奸政权——伪上海市大道政府，地点设在浦东东昌路，由福建人苏锡文任市长。当时，伪上海市大道政府财政收入很少，一切开支都要向日方领取，所以徒有虚名。苏锡文的市长作用，只是组织当地的一些老汉，穿上长衫马褂，扮成绅士模样，专做迎送日方要人的工作。

日方看到大道市政府如此无能，当然很不满意，于是又组织一个"黄道会"，纠集一批流氓、地痞，在上海从事破坏抗日的恐怖活动。除此之外，这些"黄道会"成员的特长是开设赌档和烟窑。

看到这种情况，日本方面又想出一个花样，改伪"上海市大道政府"为伪"上海特别市政府"。那么，由谁来出任这个伪特别市政府的市长呢？日方的意图

155

傅筱庵

是要由"真正的"中国人，尤其是上海人来担任。知识分子不愿与他们合作，就从商界去考虑，既要有金融知识，又要有一定的政治组织能力。

日本方面选中的这个人，就是傅筱庵。

傅筱庵，名宗耀，浙江镇海人，1872年，出生在镇海小港镇。1892年，经人介绍，进上海英商的耶松船厂做工，白天工作，晚上就去补习英文。不久，博得英人大班潘特斯的青睐，被派充工头。

耶松船厂在浦东的职工当时居住的房屋大多属上海商业会议公所总理严信厚所有。傅筱庵为巴结豪门，主动向严信厚提出，由他在发工资时，逐户代扣房租，汇集后再送到严家。不久，傅筱庵就与严家上下打得火热，甚至称呼严信厚之妾杨氏为干娘。通过严家的关系，他又结识鲁麟洋行买办虞洽卿、平和洋行买办朱葆三等人，后又常随杨氏出入大官僚盛宣怀家，被盛宣怀的妻子庄氏收为义子，成了盛家的心腹。

1909年，傅筱庵脱离耶松船厂，任招商局所属华兴保险公司副经理，不久，总经理病死，即由他接任总经理。

1911年，上海的汉冶萍公司股东及四川旅沪代表为反对盛宣怀出卖汉冶萍公司产权、收铁路归"国有"，在上海四川路青年会开会，主张将盛宣怀的产业充公赔偿。傅筱庵陪盛宣怀的儿子盛重颐到会。他在一片义愤声中，竟当众跪求，使盛重颐乘机得以脱逃。从此，傅筱庵更为盛家所器重。

十 三

刀砍傅筱庵

武昌起义爆发后，盛宣怀率全家逃往青岛躲避，在上海的财产全都由傅筱庵负责看管。上海光复后不久，任沪军都督府财政部长的朱葆三，负责筹措军饷，傅筱庵积极认缴饷款，被任为财政部总参议及沪关清理处长，并以招商局、汉冶萍公司及中国通商银行等三大企业内盛家股权代表的身份出现。

1914 年，盛宣怀重掌招商局等职权后，傅筱庵兼任招商局经理各地栈租之缺。1916 年，他与严子均、虞洽卿、朱葆三等人集资创办祥大源五金号，自任总经理，包揽招商局等企业的五金进货业务。同时，他又先后充当专营五金等洋货进口的美商美兴洋行和英商长利洋行买办，独霸上海市场的五金进口贸易，利润也越来越多，成为上海的富商。

国民革命军誓师北伐后，傅筱庵投靠军阀孙传芳，调动招商局轮船为孙传芳军队运送武器弹药，并从上海通商银行准备金中拨款捐赠 200 万元。

北伐军到上海后，鉴于傅筱庵的行为，对他下令通缉，他得知消息后，搭日商轮船逃到天津日本租界居住，在日本人的势力庇护下求生。

傅筱庵在天津的日本租界内，经营商业，和日本人的往来，更为活跃，还特意请一个中国籍的日语翻译。不久，傅筱庵就成为天津日本租界的中国商界领袖，引起日本特务机关的重视。

1931 年九一八事变前夕，蒋介石撤销对傅筱庵的通缉令，他于 10 月返回上海，复任中国通商银行总经理，并充当美国钞票公司买办、英商耶松船坞及机器造船厂董事等职。

正因为傅筱庵有这样一番经历，所以日方改组伪上海市政府时，就把他拉出来当伪市长。这时傅筱庵受宠若惊，颇有得意之感。

不过，他在当伪市长前，向日方提了几个条件。其一，市政府要改名为"特别市政府"，不能设在浦东，而要设在江湾原国民政府上海市政府的原址，市政府所属十个局的局长人选全部由他支配。其二，要求日方放弃在南市的军事行动，而由他的警察局来负责那里的治安。

对于这些条件，日方都一一答应。傅筱庵登场的那天，上海一些商界的头面人物都前去道贺，这在日本人眼里，傅筱庵确比苏锡文有本事。

傅筱庵当上伪市长后，大摆架势，每天清晨一早由虹口祥德路坐大轿车出发，前后有护卫车4辆，浩浩荡荡地直达江湾的市府大厦。办公室四周由警卫队保护。他还组织一支警察乐队，专门用来迎送日本主子，这比浦东的那些老头，当然气派多了。

傅筱庵很讲究吃，每天中午，他在警卫的保护下，到九江路乐乡饭店吃西餐。在那里，他有一个固定的座位，坐的是一把特制的藤椅。晚上则在虹口文监师路的"六三亭"招待日本军政要员。

傅筱庵当了伪市长后，只有庞大的开支，而没有可靠的收入。他刚当伪市长时，办公室的装修布置以及办公桌椅的添置等，都由他自己掏腰包。甚至连办公室的地毯，也是从他家里搬去的。各个局成立后，人员众多，开支浩繁，傅筱庵贴补的钱为数不少，这是他所没有料到的。

日方知道这一情况如不改变，这个傀儡政府是难以维持下去的。于是就请在日本开银行的中国人戴蔼庐到上海，办理一个经济机构，接收许多日本在中国抢

祥德路：

十三

刀砍傅筱庵

伪上海特别市政府成立合影

夺来的财富，贴补一些给傅筱庵。

傅筱庵伪政府的财政来源，除了日方贴补外，还靠沪西黑社会的收入。时人曾说："现在傅筱庵的市府开支，全靠沪西的红、黄、蓝、白、黑。所谓红是红丸，所谓黄是黄色艳舞，所谓蓝是赌场，所谓白是白面（毒品），所谓黑是鸦片。这五种收入，每月直线上升，为数极为可观。"

梁鸿志在南京组织"维新政府"后不久，傅筱庵当上伪市长，上海当然在"维新政府"管辖范围以内，但傅筱庵仗着有日方支持，根本不理睬"维新政府"。梁鸿志想向他筹些税款，他反而向"维新政府"要钱。梁鸿志多次要他到南京"述职"，他以南京每月给上海 20 万元为去南京的条件。结果，梁鸿志勉强答应，傅筱庵才去了一次。

"维新政府"对傅筱庵很恼火，一再要求日方撤掉他的职，另委市长，但日方没有答应。

有一天清晨，正当傅筱庵沿着宽阔的石级，走向伪市府大厦时，忽然有人在暗处向他开了两枪，这个刺客枪法很不准，非但没有打中傅筱庵，自己却被闻讯赶来的警卫打死了。这个刺客临死前高呼："打死傅筱庵！"傅筱庵吓得心惊胆战。事后，他召集几个秘书和卫队长研究刺容是什么人，有的猜是军统特务，有的猜是日本特务，突然间，傅筱庵拍了下桌子说，"我知道了，不必追究，也不要把这件事透露出去，把刺客埋掉就算了。"

后来，他秘密向秘书们透露："这刺客一定是南京方面派来的。"所谓南京，指的是梁鸿志的"维新政府"。但是傅筱庵猜错了，真正要刺杀他的是国民党军统

十 三

刀砍傅筱庵

特务。

国民党军统特务要刺杀傅筱庵，不仅因为他是伪市长，属于大汉奸一类，更重要的是因为他出卖过军统特务，对国民党政府干过"亏心事"。

原来汪精卫自从逃出重庆，发表"艳电"，响应日本首相近卫文麿的所谓调整中日关系三原则后，蒋介石非常恼火。叫戴笠派人到河内去刺杀他，结果刺汪不成，曾仲鸣当了替死鬼。

蒋介石得知消息后，再次命令戴笠派军统特务追踪刺杀汪精卫，戴笠命令陈恭澍主持其事，但由于汪精卫防范很严，一时未能得手。

1939年三四月间，戴笠派过去跟汪精卫搞过改组派的戴星炳（时任国民党第四战区高参），经香港到上海，佯装投靠汪伪。他在汪伪中混了半年多，工作并无进展，便想找借口返回内地，与戴笠另商办法。他向汪精卫建议，说他可以回广东拉第四战区代司令长官张发奎、国民党广东省政府主席兼三十五集团军总司令李汉魂、国民党第三十五集团军副总司令兼六十四军军长邓龙光等投汪。汪精卫听后大喜，派戴星炳带着他的亲笔信到第四战区司令部的驻地韶关。戴星炳抵韶关后，即密报戴笠，戴笠即命军统局书记长吴赓恕赴韶关联系，经商议后决定派戴星炳经香港返上海复命，由吴赓恕率特务十人同行，并找张发奎给汪精卫复信，说待机行动。

戴星炳和吴赓恕一行，取道香港往上海。过香港时，吴赓恕电邀在上海任开滦煤矿公司上海办事处经理的许天民到香港商洽，请许天民在上海掩护并协助工作。许天民在上海、天津、大连经商多年，与傅筱庵很有交情，并经常出入他的家。吴赓恕就想利用许天民的关系，拉傅一起参加暗杀汪精卫的工作。此时汪伪政府已在南京成立，吴赓恕计划汪精卫到上海时，由傅筱庵出面设宴请客，特务们趁机行刺。

军统特务到上海后，戴星炳、许天民即分头进行工作，当许天民要傅筱庵参加暗杀汪的工作时，傅筱庵一面假装答应，一面却向汪精卫告密。不久，汪伪特工机关将许天民和戴星炳逮捕，后来戴星炳被汪伪特工机关杀死。

戴笠获悉上述情况后，报告蒋介石，蒋以傅筱庵不但不为他效力，反而杀死他的军统特务，下了"制裁"令。戴笠又将此事交给陈恭澍执行。陈恭澍曾几次派特务阻击，都未能得逞，上面提到过的那次暗杀也是未得逞的例子之一。

国民党军统特务在几次阻击都失败后，改变方法，物色在傅筱庵身边的人，利用他来达到暗杀的目的。

一天，军统上海区第二行动大队向陈恭澍报告，说已经"打通"傅筱庵的厨师，正待机行动。这个厨师叫朱升，安徽人，常年追随傅筱庵，深为傅筱庵所信赖。朱升小时候受过日本人的打骂虐待，有民族正义感，曾几次劝傅筱庵不要当汉奸，以免遭人暗算，但傅筱庵利令智昏，根本不听他的劝告。朱升很喜欢喝酒，经常到傅家附近军统特务开设的酒店饮几杯。特务们殷勤招待，请他畅饮，几个月下来，朱升遂与军统特务结拜为兄弟。有几次朱升酒后失言，流露出对主人当汉奸的不满。特务乘机进一步策划，要朱升再劝他辞职，如他不听，就把他杀死，为民族除害，做一个好汉。朱升听了觉得有理，就再次劝傅筱庵辞职，但傅筱庵仍不听，朱升就和特务商量杀死他的办法。由于朱升不会使用手枪，且恐枪声会

十 三

刀 砍 傅 筱 庵

惊动警卫，决定由朱升乘傅筱庵熟睡时，用刀把他砍死，特务们则在外面接应。朱升提出，事成后希望能得到 5 万元奖金，这在当时是一笔不小的数字，但军统权衡得失，还是答应了。

1940 年 10 月 10 日晚上，傅筱庵在法租界亲友处聚宴，至 11 日清晨 3 时才回到自己的住处。祥德路住宅距日本海军陆战队总部很近，平时警卫森严，除派有伪警卫队 20 余人在屋宇四周驻守外，还雇有白俄保镖 12 人保护。他睡觉时，保镖在卧室外面警卫。他平时独居一室，其妾居住后房。除朱升送饭时可以进出外，其他人无法进入卧室。11 日晨，朱升进入卧室，傅筱庵尚未睡醒，朱升趁机向他砍了三斧头，一刀在眼部，一刀在下颚，一刀在颈部，尤以颈部一刀用力最重，几将头颅砍断，傅筱庵当场毙命。

朱升杀死傅筱庵后，从容地走出傅宅，骑自行车逃离现场，与军统特务接应。戴笠闻讯后，发给军统上海区奖金 7 万元，其中 5 万元给朱升，2 万元给军统特务。

十 四

重光堂遗址

重光堂密约

在虹口东体育会路与体育会支路相交的僻静处，曾有一幢别墅，门牌是东体育会路 7 号，土肥原贤二到上海后便占为已用，名"重光堂"。

土肥原贤二，1912 年 11 月毕业于日本陆军大学校 24 期。毕业后由日本参谋本部派往中国北京的坂西机关，为坂西利八郎特务机关长的助理。土肥原贤二长期在中国策划侵略工作，成为日本陆军中有名的"中国通"。

1937 年卢沟桥事变后，日本妄想"速战速决"，在三个月内灭亡中国，不料战端一开，遭到中国人民的顽强抵抗，战争陷入长期的泥潭。1938 年 7 月，为了摆脱战争长期的困境，日本启用"中国通"，纠集沦陷区的汉奸，建立伪政府，以便尽早结束战争。同年 7 月 26 日，日本设立"对华特别委员会"负责执行这一决策。这个委员会的主要成员，由陆军土肥原贤二中将、海军津田静枝预备役中将、外务省坂西利八郎预备役中将三人组成，土肥原贤二为负责人。

土肥原贤二

土肥原贤二上任后，立即从东京赶往上海，在重光堂

165

设立办事处,预算经费为 1000 万日元。他遵照日本当局指示,物色唐绍仪、吴佩孚、靳云鹏为伪政府的领导人。1938 年 9 月下旬,他秘密会见唐绍仪。此事被国民党情报机关获悉后,9 月 30 日,在武康路唐绍仪的住宅,唐绍仪被谎称古董商的军统特务用利斧砍死。土肥原贤二遭挫后,便北上做吴佩孚的工作,但是吴佩孚坚持日本从中国撤兵,作为自己出山的条件,这是日本方面无论如何不能接受的。

重光堂因为位于当时市郊的僻静处,也成为秘密会谈的场所。

1938 年 11 月中旬,汪精卫为了向日本示意求和,派代表高宗武、梅思平等到上海,与日本军方代表影佐祯昭、今井武夫等在重光堂进行秘密会谈,签订《日华协议记录》。并制定中国方面的行动计划,即日方如确认上述计划,由中方联络人告知在重庆的汪精卫,汪精卫在一两天内设法从重庆去昆明后,日方见机行事,公布日华和平解决方案,汪精卫声明与蒋介石断绝关系,即日乘飞机经河内到香港,汪精卫到达香港后,发表建立新东亚秩序的声明,与日本相呼应。

重光堂会谈的《日华协议记录》主要内容如下:

(1)中日签订防共协定,以内蒙古为特殊防共地区,允许日本驻军;

(2)中国承认"满洲国";

(3)日本允许废除在中国的治外法权,归还在华租界;

密约

（4）中日展开经济合作，在开发利用华北资源方面予以日方特殊的便利；

（5）日本不要求战争赔偿，但中国需要赔偿日本侨民因战争引致的损失；

（6）待和平恢复，日本立即撤军。

上述协议，影佐祯昭、今井武夫与高崇武、梅思平签字，时间是1938年11月20日。

同时，在重光堂的预备会谈上，他们还探讨《日华秘密协议记录》，并取得一致意见，但未经政府及相关部门的同意，故没有签字，但作为今后的政策和努力方向。其要点是：（1）日华两国为建设东亚新秩序，各自实施亲日、亲华的教育及政策。（2）日华两国对苏联，设置共同宣传机构，缔结军事攻守同盟，平时互相交换情报，在内蒙古及必要地区驻扎日军。

会谈结束后，梅思平苦笑着说："从此我也要被叫作汉奸啦。"接着他将密约缝在西装马甲里，从香港飞回重庆报告。汪精卫随即召集周佛海、陶希圣、陈璧君、曾仲鸣等人讨论，一连开了七八次会，表示接受协议内容。汪精卫给予日方的回复是，承认重光堂会谈的日华协议记录，但在近卫声明中，应明白表示不进行经济垄断和干涉内政的必要。

按照重光堂密谈的协议，汪精卫一行十余人于1938年12月19日，从昆明抵达河内，第二天，陈公博也从成都赶去。日本政府得知汪精卫出逃的消息后，于12月22日，发表近卫第三次对华声明，提出：（1）中国放弃抗日，与"满洲国"建立外交关系。（2）中日缔结"防共协定"，在协定有效期间，日本要求在指定地区驻兵，内蒙古作为特殊防共地区。（3）中日经济提携，中国应承认日侨在中国内地居住、营业之自由，特别是要给与华北与内蒙古以内开发资源之便利。这一声明，对重光堂签订的协议内容作了修改，如将原规定的日本驻兵有一定的期限以及期满后撤退，并在和平条件实现后，日军在协议以外地区"立即开始撤退"的文字删除。

12月27日，汪精卫派陈公博、陶希圣带了自己给国民党中央常委会的亲笔信和回复近卫声明的电稿到香港，29日，汪精卫的电稿（俗称"艳电"，"艳"是29日的电报代号）在《南华日报》发表，汪精卫公开邀请重庆政府应立即以近卫第三次声明为根据，"与日本政府交换诚意，以期恢复和平"。"艳电"一出笼，立即受到全国人民的一致声讨。国民党中央也以"违反纪律、危害党国"为理由，作出将汪精卫"永远开除出党，并撤除其一切职务"的决定。

正当土肥原贤二的所谓"对华特别委员会"陷入困境时，丁默邨、李士群的拜访给他带来希望。那天，在重光堂会见时，丁默邨谈到唐绍仪被杀一事时说，上海恐怖活动的元凶是重庆的特工组织，日本只逮捕现场的杀手，而不破坏他们的地下组织是没有用的，要打垮他们的活动，必须组织庞大的特工队伍。丁默邨的建议，让土肥原贤二服了一颗安心丸。

重光堂

十 四

密 约

汪伪政府成立，汪精卫举
手宣誓

汪伪政府头目与日本顾问合影。前排左起：今井武夫、汪精卫、影
佐祯昭。后排左起：周隆庠、梅思平、犬养健，后排右起：伊藤芳
男、陈公博

几天后，土肥原贤二派助手晴气庆胤与李士群、丁默邨会面。丁默邨拿出一张李士群绘制的《上海抗日团体一览图》，交给晴气庆胤。上面有各抗日团体负责人、力量、经费来源等详细材料，还有上述团体打入伪维新政府、伪上海特别市政府的特工人员以及在各娱乐、码头等场所活动的情报。接着他们又拿出一沓《上海特工计划》，以获取日本经费、武器援助等为前提，详细说明特工组织的方针、工作要领、组织机构等方法。为了取得日方的信任，李士群甚至提出将自己的儿子当人质。土肥原贤二得知这一消息，非常高兴，立即派晴气庆胤赴东京大本营汇报。

主持相关工作的日本大本营陆军部军务部长影佐祯昭对此十分重视，他把这项工作看成策划汪精卫为首的"和平运动"一部分，可稳定上海的局势。于是，大本营参谋总长给晴气庆胤下达了《援助丁默邨一派特务工作的训令》：

（1）大本营确定，将援助丁默邨一派的特务工作，作为对付上海恐怖活动对策的一个环节。

（2）你在上海应与丁默邨联络，援助其特务工作，协助华中派遣军推行其对付租界的诸项政策，并处理土肥原机关所遗留的各项工作，分配塚本诚宪兵大尉和中岛信一少尉，作为你的部属。

（3）在援助特务工作时，应对丁默邨提出如下要求：制止在租界进行反日运动，但注意不要和工部局发生摩擦；不得逮捕与日方有关系的中国人；与汪精卫和平运动合流；三月份以后，每月给予经费 30 万日元。并给予彼等手枪 500 支。子弹 5 万发及 500 公斤炸药。

自此，以丁默邨、李士群为首的特工组织正式成立，源点是土肥原贤二的重光堂。

1939 年 3 月，土肥原机关被撤销，土肥原贤二调任他职，特工组织由晴气庆胤负责。同年 8 月，以影佐祯昭为首的"梅机关"成立，这个组织又划归梅机关指挥。此后，这个组织就逐渐发展成臭名昭著的汪伪 76 号特工总部。

抗日战争胜利后，重光堂会谈的重要人物梅思平以汉奸罪被捕，1946 年 5

汪伪特工总部头目丁默邨、李士群

汪伪特工总部

月 3 日上午，位于南京的首都高等法院第一庭以"民国三十五年度特字第一号汉奸案"开庭审理，最终被判死刑，在老虎桥监狱大院执行枪决。国民党最高法院复判书（三十五年度京特复字 234 号）在论及其在重光堂会谈的罪行中指出："八一三中日战争发生，国民政府决定国策长期抗战。梅思平于二十七年三月奉派任香港文艺研究会研究委员，与林柏生等在港秘密研究国际问题时，战事失利，汪逆兆铭存心违反中央既定国策，私自主和，梅思平同为竭力主和之分子。二十七年十月中旬，与高宗武密约于十一月中旬潜赴上海，向日本军部代表影佐祯昭大佐及今井武夫中佐商得丧权辱国之和平基本条件。同月二十七日，由沪转港飞渝，密陈汪逆后返港。汪逆在河内所草之艳电，即从周佛海、陶希圣、陈公

梅思平在法庭上读自白书

博交与林柏生及声请人一同署名，于同月三十日夜间送往各报馆发表，以与敌国首相近卫文麿本诸声请人等所商得条件发表之声明相为呼应。二十八年四月十五日，与周佛海同至上海，结集党羽，宣传和平。同年六月一日，复与周佛海等随同汪逆赴日本东京与敌酋密议和平条件。回国后复以和平建国为号召，在沪开第六次伪全国代表大会，发表宣言，以动摇中央抗战国策。"

1945 年抗战胜利后，土肥原贤二也没有好下场，即被驻日盟军总司令部逮捕。1948 年 11 月 12 日，远东国际军事法庭（东京审判）判定其为甲级战犯，判处绞刑，12 月 23 日，在东京巢鸭监狱执行绞刑时，抽签抽到第一个接受绞刑。

八字桥

八字桥：
抗战圣地

BAZI QIAO:
KANGZHAN SHENGDI

　　八字桥，原名"宝安桥"，跨俞泾浦，通同心路、水电路和柳营路，桥呈"八"字形，故名八字桥。这里是沟通虹口和闸北的要隘，距离侵华日军上海日本海军特别陆战队司令部、上海火车北站都非常近，成为抗日战争时期上海两次淞沪抗战的激战地。

　　1931年九一八事变发生后，愤于祖国领土被侵占的上海各界民众于9月22日组织"上海抗日救国会"，要求国民政府用军事手段收回东北失地，并通过彻底对日经济绝交的决议。中国人民的抵制日货运动损害了日本在华各种经济扩张势力的权益，他们认为"以往的忍耐自重主义有害无益"，请求日本政府，特别是军方的保护。他们多次举行集会，要求日本政府用立即采取"果断强硬且有效的手段"，并在北四川路游行，撕毁中国民众的爱国标语，与中国民众发生冲突，任意殴打行人。

　　1932年1月18日下午，5名日本僧侣在上海三友实业社毛巾厂门前寻衅，与该厂工人发生冲突，日僧水上秀雄被打死，另有2人被殴伤。20日晨，上海"日本青年同志会"32人携带枪械、火油等，焚烧毛巾厂，工部局派人前往干预，结果华捕2人被日本人杀死，2人被砍伤，西捕也被打伤。日本方面，也有常盘旅馆职员梁濑松十郎被打死，2人重伤。日方的这些活动，均是日本参谋本部驻上海领事馆陆军副武官辅助田中隆吉物色川岛芳子执行的，目的是引起中日之间的冲突，为在上海发动战争制造借口。在《田中隆吉谈上海事变的真相》一文中，田中隆吉回忆道："一个人被杀，两个人受伤。于是，我想，这时候的确可以搞出点名堂来。当时，上海有个日本人青年同志会，就叫刚物色到上海来的宪兵大尉重藤千春指挥这个团体，袭击了这个抗日色彩很浓的三友实业社。我深信，这样一来，日华之间必然引起冲突。果然，以后日华之间的空气非常紧张。因此，当时上海的村井仓松总领事向中国方面提出抗议，要求停止这样的排日运动。而中国方面全部答应了。可是日本侨民不答应，情绪非常激昂，就去恳求上海的陆战队，请他们想办法阻止中国人的排日运动。"

为了进一步制造紧张气氛，1月23日下午2时，日本居留民团在本国寺为常盘旅馆职员梁濑松十郎举行追悼会，上海的各日本团体均送来花圈。一个小时以后，将灵柩装上汽车，并备汽车45辆给送丧者乘坐，从乍浦路至闸北，一路送行，所谓声势浩大。

1月27日下午2时，日本居留民团又在武进路的日本中部小学为日僧水上秀雄举行居留民葬，日本海军第一遣外舰队司令盐泽幸一、日本驻沪总领事村井仓松、日本海军陆战队指挥官鲛岛、日本居留民团行政委员长河端等800余人参加。与其说这是一次殡葬活动，不如说是日本侨民与军方向中方的一次公开示威。

当时，驻扎在长江一带的有日本海军第一遣外舰队。日本政府在得到日侨请求后，以"保护"侨民为借口，迅速向上海增派兵力。1月23日，派出巡洋舰"大井"号和第十五驱逐舰队。24日，派出航空母舰"能登吕"号。28日，派出第一水雷战队和佐世保镇守府第二特别陆战队。顿时，黄浦江上空弥漫着战争的阴云。

日侨为日本军队的增兵而欢欣鼓舞，认为终于有了让上海尝尝日本武力的机会。重光葵在《日本侵华内幕》一书中写道："日军在满洲军事行动的成功，使日本人的意见逐渐强硬，连过去以稳健派闻名的大会社的分社经理，也和久居上海的日侨一样，主张对这次排日运动应采取断然的态度。"而日本人中的有识之士如内山完造则一眼看出有一种别的活跃的力量因素在鼓动那些愚昧的日本人求战，这种别的力量就是日本军部以及作为其帮凶的各种右翼分子。事实上，日本在上海挑起战争是"为了把各国注意力从满洲转移到上海，以完成对满洲侵略而发动的一种策略"。同时，日本也企图通过战争扩大在上海的政治、经济势力。

十九路军的高级将领戴戟、蒋光鼐、蔡廷锴

　　1932 年 1 月 28 日深夜，日本海军陆战队分三路向闸北进攻，第一队由北四川路向天通庵车站袭击，第二队由虬江路向宝山路攻击，第三队由北四川路向宝兴路突进，并配备野炮、曲射炮、装甲车队等，由此，一·二八淞沪抗战爆发。

　　战争爆发后，十九路军坚守闸北，以市街为阵地，顽强抵抗，打碎了日本四小时占领闸北的梦想，而八字桥为激战地。次日，日本飞机连续轰炸闸北，商务印书馆等全部被炸毁，但中国军队阵地不失。中国军队利用墓地、河浜等地形，建造许多纵横交织的野战壕，甚至在居民的方桌上掩土，作为地下防空壕，使日军飞机难以发觉，日军的重武器也发挥不了作用。

　　从 2 月 7 日开始，日本陆军参战。日本陆军派遣军，以白川义则为司令，日军向中方展开全面的攻击，但是闸北的市街战，日军并没有收到预期的效果，西宝兴路等地的住宅区，不仅阻碍了重兵器的使用，而且是战斗中最好的掩体，日军曾经用炸弹毁坏许多建筑，但废垣残砾依然可以成为防御的掩体。日军的攻击，一直胶着于闸北的战线。

　　2 月 11 日，日军向我八字桥阵地轰炸，至上午 11 时，日军 4000 人向八字桥及江湾进攻，使用世界禁用的达姆弹，我方奋起反击，日军死伤 800 余人，俘虏日军大尉以下官兵 20 余人，缴获坦克车 4 辆。

　　2 月 16 日 12 时，日军用炮攻击我八字桥阵地，我方沉着应战，阻止敌人的进攻。

　　2 月 20 日，日军以坦克车十余辆，步兵 2000 余名，向八字桥进攻，步兵均尾于坦克车后面，同时，以飞机助战。中国军队以机关枪射击，迫击炮轰之，当坦

八字桥：

抗 战 圣 地

八字桥，隔河激战

日本海军陆战队的装甲车

克车冲入火线时，中国军队用手榴弹引爆地雷，炸毁敌两辆坦克车。下午3时许，日军又企图进攻，但畏于中国军队勇敢，只在防线内射击，不敢前进。

2月22日，日军重兵向八字桥进攻，计有陆军5000名，利用装甲车在前面冲锋，中国军队用炮火还击，当即毙敌数十名。后又发起反攻，并进行肉搏战，将敌击溃。

2月25日，下午6时许，日军500余人利用暮色，又向中国军队进攻，激战1小时左右，日军未能得逞。

3月1日，日军集中三四千人，利用集团炮兵及三四十门重炮及大批飞机作掩护，又一次向八字桥进攻。炮弹所到处，房屋立即起火，日军所用硫磺弹，每弹都在百磅以内。中国军队向后撤100米后，立即调动生力军进行反攻，以手榴弹为武器，奋勇向前冲锋，同时大刀队战士砍杀日军，只见刀光四射，血肉横飞，战斗历时1小时40分，日军溃败。中国军队坚守原阵地。

3月2日，十九路军向全国各界发出退守待援的电文："我军抵抗暴日，苦战月余，以敌军械之犀利，运输之敏捷，赖我民众援助，士兵忠勇，肉搏奋战，伤亡枕藉，犹能屡挫敌锋。日寇猝增两师，而我以后援不继，自二月十一日起，我军日有重大伤亡，以致力于正面战线，而日寇以数师之众，自浏河方面登陆，我无兵增援，侧面后方，均受危险，不得已于三月一日夜将全军撤退至第二防线，从事抵御。本军决本弹尽卒尽之旨，不与暴日共戴一天。"

3月3日，国际联盟要求中日双方停战。3月24日，中日双方经英、美、法、意各国调停，在上海进行谈判，5月5日，在上海英国领事馆签订《淞沪停战协

八字桥：

十五

抗战圣地

十九路军的女战士

英勇作战的十九路军

定》。协定主要内容为日军返回战前防区（上海公共租界北区、东区及其越界筑路地带），中国军队暂留现驻地（京沪铁路上的安亭镇至长江边的浒浦一线），交战区划为非武装地区。但"鉴于须容纳之日本军队人数，有若干部队可暂时驻扎于上述区域之毗连地点"，即吴淞、江湾、闸北的大部分地区。因此，实际上中国军队不能在上海市区及其周围驻扎，而日本军队却可以驻留上海。

在八一三淞沪会战爆发以前，上海近郊，除了中国警察，只有保安队负责防守任务。随着日本对华军事侵略行动的升级，中日决战不可避免，中国军队不得不派一个团化装成保安队，分批潜入上海接替防务，在闸北一带军事要点，租赁民房，秘密修筑工事。

1937年的虹桥机场事件是八一三淞沪会战的导火线。8月9日下午5时半，日本海军陆战队第一中队长大山勇夫与一等水兵斋藤要藏驾车闯入虹桥机场，机场守兵上前阻止，竟被日军打死，机场守兵被迫还击，将两人击毙。

8月11日，中方进行谈判交涉，日方要求撤退中国驻沪保安队、撤毁市区防御工事，遭到中方断然拒绝。同一天，日军16艘兵舰抵达上海，海军陆战队2000人登陆，大量作战物资和武器装备运到上海。当天，国民政府也命令在苏州、常熟、无锡的国军第八十八师、八十七师等部队进驻闸北及江湾两地布防，大战一触即发。

8月13日上午9时半，战争首先在八字桥一带爆发，日军的进攻重点是在天通庵车站—八字桥—水电路一线，企图以此切入闸北阵地，切断大场与闸北的联络线，包抄攻击我闸北军队。因此，我八十八师主力死守八字桥，争夺日本人墓

八字桥：

十五

抗战圣地

地一线，并突击日本海军特别陆战队总部；然而在日军坚固要塞阵地及第三舰队驻上海驱逐舰有力舰炮支援下，攻势受挫。

战役的第二阶段，由于日本海军特别陆战队的堡垒式建筑是一般轻武器难以击破的，中国军队放弃围攻敌阵的计划，在闸北作长期市街战的准备，因此，与一·二八淞沪抗战大致相同，双方胶着在八字桥地区，进行艰苦的"阵地战"，日本人墓地便是双方交战的主战场之一。《战地笔记》记者称："敌人于六三花园及日本坟山方面筑有永久工事，自从开战到如今，八字桥边的进出，至少在二十次以上，直到现在，八字桥还是彼此的警戒线，谁也不会占有。敌人筑了永久工事，我们不能进，我们现在也筑了永久的工事，他也无法冲过来，这才谈得上长期消耗。"

1937 年 10 月 10 日，《申报》以"敌犯八字桥三义里 两路夹击毙敌卅余"为标题，报道日本人墓地一带的激战："北四川路六三花园及日本坟墓等处之敌，于前昨两日向我闸北阵地进犯，突遭我军夹击溃退后，仍野心未死，至前日入晚，敌又向我八字桥附近及东宝兴路铁路以北之三义里一带数度进攻，均经我军迎头痛击，顽敌不独毫无进展，且死伤甚重。昨晨该方面双方仍继续炮战，迄午方止，中央社随军记者九日午十二时十分报告，广东街之义村东五丈地段，昨晨（九日）三时左右敌以一中队来犯，激战三小时，敌死伤五十余人，毁坦克车一辆，至六时左右始不支而退。又有敌二中队，于晨一时半由六三花园、日本坟山方面进窥我八字桥阵地，我军分兵由两路夹击，敌死伤三十余，至四时左右亦将其击退。"12 日，《申报》的战况报道称："广东街、东宝兴路等处巷战，忽断忽续，至今晨三时，敌死伤达百三十余人，始完全退去。我军旋于四时许，天未启明，实行拂晓攻击，一路在谭家宅、持志大学、粤东中学，由水电路出击，向爱国女学进攻，一路则由广利路抄出，攻六三花园敌军侧面，同时我八字桥方面，亦由柳营路袭出，猛扑日本坟山。敌坦克车多辆，则在江湾路上往来发炮，掩护其步兵顽强抵抗，惟我军此起彼伏，神幻莫测，敌军应付不及，至晨九时，敌死伤已达百五十余人，旋以敌机出动，我军即退守各据点，战事始止。"

10月26日，在坚持三个多月以后，中国军队被迫从闸北撤退。日军进入闸北时，对中国军队的防御工事赞叹不已，誉为"现代巷战之典型阵容"。中国军人在

迎着日军炮火前进的中国士兵

184

八字桥：

十 五

抗战圣地

"机械力"的军事对比面前所表现出的英勇不屈亦令世人瞩目，英国史摩莱少将说："从来没有看到过比中国'敢死队'最后保卫闸北更英勇、更壮烈的事了。"

中国作家赵景深，时任北新书局总编辑，后任复旦大学中文系教授，与俞平伯在昆曲界合称"南赵北俞"。1938年，为淞沪会战中的中国军人的英勇事迹所感动，创作了《战时大鼓词》，由战时出版社出版，其中有一首题为"八字桥"的大鼓词：

日本军阀真蛮横，

一心要把中国吞。

可怜它嘴小中国大，

这就叫骑虎之势，攻既难胜后退又不能。

上海遍设阵地，领事馆，小学校，甚至阵地设到它祖坟——

八字桥旁边日本坟山上，好像是只有些矮树石碑和土茔。

谁料到里面安排真凶狠，

机关枪，小钢炮，样样齐全件件精。

我军大炮手榴弹，也难炸毁它阵营。

一天晚上天昏暗，

我兵一连向前行。

要想拼命冲过去，

敌人炮火异常猛烈，只得向后退了兵。

有一士兵倒在石碑地，

受伤过重人已昏。

醒来遥闻枪声响，

方知他自己已在敌人后方存。

想了想："此番一定要送命，

可是要打死敌人方归阴！

打死一个刚刚够本，

打死两个赚一文。"

两腿已经难移动，

只得双手地上撑。

慢慢爬到石坟后，

把枪架在小树根。

在此便把敌人等，

等了三天敌人影无形。

三天没有水下肚，

三天粒米不沾唇。

饥饿逼人支不住，

他还一心希望打敌人。

第四天清朝听闻冲锋号，

微风吹醒他脑筋。

看看敌兵走得近，

一枪打去，敌兵顿时丧残生。

愈是高兴愈有劲，

再一枪弹，又一敌兵把命殒。

此时我军乘胜搜索向前进，

忽听他本钱赚足笑连声，

连忙把他救回去，

同胞个个把他钦。

要问此兵名与姓：

顶天立地周汉陈（成），民族勇士永扬名。

　　这首大鼓词是根据真实事件创作的，表现了在八字桥的战斗里，中国军人的勇敢顽强。国民政府军事委员会政治部编写的《英勇故事》也有"周汉成血战八

中国军队在八字桥地区的重机枪阵地

字桥"的章节，其为八十八师某团战士，一等兵，事情发生在 8 月 14 日晚上，中国军队准备攻击日本人墓地的日军，因敌人炮火太猛，只得后退，周汉成负伤，倒在石碑旁边，后来爬到一座石坟后面，17 日早晨，中国军队重新冲锋，他打死两个敌人后，被中国军队救回。

大鼓词中有关日本人墓地作为日军阵地的描写也十分真实："八字桥旁边日本坟山上，好像是只有些矮树石碑和土茔。谁料到里面安排真凶狠，机关枪，小钢炮，样样齐全件件精。我军大炮手榴弹，也难炸毁它阵营。"

周汉成在闸北日本人墓地的战斗故事，在当时作为英雄诗篇流传全国。除了赵景深的《战时大鼓词》以外，小学六年级学生韦士明写的《八字桥边的勇士》被选入《非常时期模范作文》(上海图书出版社)。著名戏剧家欧阳山等人创作的最佳多幕剧《敌人》(剧友社，1940 年)，也以此事迹为蓝本，其中讲到日本人墓地的战斗时，也有如下对话：

> 曹：是呀，方才又是从八字桥那面下来的一批。嘿！刘小姐，八字桥这三个字，真是用鲜血写成的呢！
>
> 刘：是的，八字桥是这次敌人首先攻击的目标。
>
> 曹：我们对八字桥的争夺战，已经进进出出八九次了。我们八连是八月十四日晚上冲的八字桥，一连人只剩下四分之一。今天下来的是第六次冲锋的第二连……
>
> 罗：这地方怎么就这样难打？

八字桥：

十 五

抗 战 圣 地

曹：这地方并不出奇，利（厉）害的是敌人的心计。那桥的南边有一座日本坟山，平时看上去就那么几行矮槿树，几座石坟和石碑，太平无奇了。可是一到战争发生，这平淡无奇的坟山，就变成极好的现代化的阵地了。

罗：他们就把石碑、坟山和槿树当做了工事了不是？

曹：是呀，我们的兄弟，一次，两次三次地爬向那儿，静悄悄的没有一个人，等到爬到坟山的半中间，敌人的机关枪和小钢炮可一起扫射过来——我们的兄弟们就牺牲在那儿了！

刘：那干吗不先把坟和树都一古脑儿的轰个精光呢？

曹：怎么没有轰过？可是大炮轰，手榴弹轰，都只能破坏一小部分，整个的坟山，就像他妈的铁铸的一样。

上述多幕剧反映的日本人墓地工事坚固，也是事实。王耀辰所编《战地随笔》（亚东图书馆，1938 年）一书中，便有时人以八字桥战事为例，认为："我们要抵抗暴敌，必须用现代化的阵地对付它，使主力军队支持在深壕边上，才能谈得上持久消耗。现代作战，运动战已经不适用，必须决胜负于阵地战中。游击战只能当作辅助的战术，不能当作主要战术了。"

北虹口：历史与风景
BEI HONGKOU: LISHI YU FENGJING

十六

宝兴殡仪馆

宝兴殡仪馆溯源

位于西宝兴路的宝兴殡仪馆的前身是 1908 年创立的日侨火葬场，具有百年历史，也是全国历史最悠久的殡仪馆之一。初建时，墓地与火葬场合一，位于宝山县依仁乡境内，1927 年改属闸北，后归虹口，称谓亦几度变化，多以"闸北日本人墓地与火葬场"或"八字桥墓地与火葬场"见称。1945 年抗战胜利后，墓地被毁，火葬场留存，称"西宝兴路火葬场"。

早期的日本海外居留民事业，既有国民素质教育的一面，也有适应文明开化地域生活习俗的一面，以宗教团体、大公司为核心的各种民间团体，在注重发展教育、卫生、文化生活等事业方面，发挥了重要作用。

1862 年 6 月 3 日，一艘名为"千岁丸"的帆船来到上海。作为日本幕府的使团，一行共 51 人，这是近代日本开放国门后首次来到上海的日本人。"千岁丸"抵达上海三天后，幕府官员向上海道吴煦提出通商要求，得到通商大臣、江苏巡抚薛焕的同意。6 月 20 日，上海道吴煦亲自回拜日本幕府官员。6 月 25 日，中文《上海新报》称："日前东洋人来申，系欲通商贸易，闻已谒见道台，亦经答拜。但该国来此生意，系无和约之国，现准将带来货物作荷兰国之货销售，此后再来应须订明约，方为正理。查东洋人来此买卖系属好事。"在这一新闻报道里，出现了"东洋人"的称呼，并肯定他们来上海做生意是好事。此后，"东洋"成为近代汉语中有关日本的专用词，而"东洋人"就成为日本人的专用称呼，由此，也延伸出"东洋车""东洋货""东洋坟山"等许多专用称呼。

1868 年，日本明治政府成立后，迅速推行社会、政治、文化等一系列的变革，废除封建身份等级制度，许可平民称姓，并有选择职业、迁徙的自由；撤废原属特权者的贸易制度，一般民众都可以自由地加入贸易行列；允许武士阶级就任农、商、工；允许西洋船舶私有。这些改革措施，为日本人到海外发展自身事业创造了客观条件。同时，明治维新既然是日本政治、经济等多方面的历史性大改革，不可避免地带来社会大动荡。许多人在改革中失去原来赖以生存的经济基础，其中包括失去俸禄的 150 多万武士。因此，从农村到都市去寻找出路，从国内到海外去发展事业，成为许多贫民，特别是农村贫民的人生新目标。初期来上海的日本人中，很多就是"内地食诘的贱民"。

近代中日外交关系，始于 1871 年 9 月签订的《中日修好条规》十八条与《中日通商章程》三十三条。《中日修好条规》为日本人来上海经商和居留提供了外交与法律的保证，也为中日两国开放民间旅行和经济贸易提供便利。1872 年，根据条约的规定，日本首先在上海、香港、福州设立领事馆。上海成为中国对日贸易的重要港口和亚洲的经济中心，也成为中日交流的中心。

日侨来沪，还有一个非常重要的交通要素，即海上新航路的开通。日本是一个岛国，四面环海，在当时的历史条件下，船舶是与外界交往的唯一交通工具。

从日本到上海的海外定期航路，最初是英国半岛和东方轮船公司开设的。明治维新以后，日本开设自己的海上航路，上海的三菱码头就设在虹口。以后又建立日本邮船公司，几乎垄断了日本与上海的海上航路。但是，如果单纯靠海路的话，从东京到上海需要7天以上时间，从神户到上海也要五六天。1923年，日本在长崎至上海间开设"最急行联络航路"，即以轮船与东京、横滨等地至长崎的特快列车相衔接，从而大幅缩短从东京、横滨等地至上海的运行时间。这一联络航路，将上海至东京的运行时间缩短至不到55个小时。中日联络航路的开通，大幅缩短了日本与中国大陆之间的地理距离，为大批日本人到上海谋生与发展事业提供了交通的便利，因此被称为是"中日交通的新纪元"。

上述因素，造就大量日侨来沪的历史机遇。从最初的7人，发展到1943年的10万人。他们以吴淞路与北虹口为中心，营造了上海特有的日本人街。需要说明的是，上海没有日本租界。尽管在甲午战争以后，日本获得在上海设立租界的权益，但是清政府给予设立的地方是杨树浦、浦东和南市，日方选择的是吴淞口，清政府以当时吴淞不属于上海而加以拒绝，结果没有商谈成功。日本最终成为公共租界的一员，并努力夺取工部局的管理权。

上海开埠以后，华洋杂居，大量涌入的外国人，其生老病死的社会问题日益突出。山东路的外国坟山是1844年由英国人建造的上海最早的外国公墓。后来又在浦东购地，设立海员公墓。1863年，法租界公董局在今淮海公园处修建八仙桥公墓。此外，还有位于静安寺路（今南京西路）、马霍路（今黄陂北路）交叉处的外国坟山、今静安公园所在地的静安寺公墓（该墓地设有上海最早的火葬场）等。

日侨进入上海的时间迟于英、美、法等西方诸国，其墓地的设立时间也相对滞后。

1862 年"千岁丸"首访上海时，当时船上有 51 名日本人员。那年除了太平军进攻上海外，还是霍乱大流行的时代，不洁的饮用水造成大量人员的死亡。"千岁丸"上有 3 人因病在上海死亡：6 月 10 日、11 日（农历五月十四、十五日），药材商渡边的仆人传次郎（24 岁）、厨师兵吉（32 岁）先后因感染霍乱而死亡，7 月 10 日（农历六月十四日），荷兰语翻译岩濑弥四郎的弟弟硕太郎因下痢而死。他们葬在浦东的烂泥渡，墓上饰有被称为"卒塔婆"的长形佛塔。这是有关日本人在上海殡葬事项的最早记录之一。

为了给客死上海的外国人提供体面的墓葬，上海最早的山东路外国人公墓埋葬的游客不多，主要是外国海员，50 名海员在此埋葬以后就宣布墓葬额满。后来又筹集 3000 美元在浦东购置了一块地皮，浦东外国公墓比第一块公墓大两倍，其服务对象主要也是客死中国的外国船员和士兵。"千岁丸"船员所葬的浦东烂泥渡，正是外国海员公墓的所在地。

1871 年 3 月，总部位于日本横滨的美国轮船公司船员德助、七之丞两人，横滨的前鸿茂助、长崎的弦屋利七等日本人在上海去世，均埋葬在浦东的外国海员墓地。

日本画家安田老山于明治维新的前夜来到上海，曾创作《苏州河的木桥》，这幅画成为当时上海代表性的风景之一。其妻红枫（俗名安田きう）1870 年来上海，与安田一起住在小东门外的中国旅馆，以卖画为生。1872 年，红枫因病去世，年仅 26 岁，当时上海没有日本人的专用墓地，其也没有海员的身份，因此悄悄地埋葬在龙华寺的西边。

十六

溯源

　　在 1872 年以前，在上海离世的日本人都没有能够被埋葬在日本人专属墓地里，有的甚至不知埋在何处。例如在上海经营杂货业的梅田圆左门的妻子伊伎，死于 1871 年 4 月 3 日，年仅 39 岁，当时不知埋葬何地，直到卡德路日本人墓地建立后，才得以重新安葬。

　　日本领事馆是保护、监督日侨的上海日本人社会的最高领导机构，其于 1872 年正式设立后，颁布日侨管理章程等各种规则，逐步将教育、卫生、生活等方面纳入工作计划。1873 年，在沪日侨仅 50 余人，日本领事馆就购入英租界马车路（后名卡德路，今石门二路）二十七条十图二十九号土地，作为上海日本人的专用共同墓地，史称"卡德路日本人墓地"。

　　卡德路是 1869 年工部局由公众捐款，购地十余亩修筑而成。目的是便于连接静安寺路与新闸路，此时工部局正计划接管极司菲尔路（今万航渡路）。日本人墓地

日本人墓地入口

的位置处于卡德路东侧的中央，后来成为工部局设立的育才公学的校园，1912 年 6 月，卡德路日本人墓地全部迁移完毕，同年 11 月 25 日，育才公学就在原址开学了。

卡德路日本人墓地设立后，清洁扫除、保存费及土堀门的修缮等，由墓地借受人负担。由于墓地的无名墓较多，有的墓主关系者已经不在上海，因此能提供给墓地的维护费用也很少。最初，墓地门卫雇用西洋人，但因管理不善，"空地上积满马粪，或是种满蔬菜和花草树木"。这种状况，成为一些日侨怜悯尸骨埋葬在异域的理由之一。

卡德路日本人墓地的经营，在东本愿寺上海别院设立后才出现转机。上海日侨的宗教活动与日本国内一样，佛教、神道和基督教等多种宗教奇妙地并存，但在日常生活中与佛教有极深的联系。起源于古印度的佛教传入日本后成为一种祈祷的宗教。日侨的殡葬是按佛教礼仪举行的。至于旅居海外的、身边没有亲人的生活困难者或是不明身份的人，在专用公共墓地安葬，也是助葬的主要方法。

最早在上海进行宗教活动的真宗东派本山本愿寺（简称"东本愿寺"）上海别院。明治维新后，日本佛教界迅速开始向海外的开教、扩教活动，"清国开教"是其重要的事业。1876 年 8 月 12 日，在北京路 499 号设立东本愿寺别院，门额上用"绀地金泥"书写"真宗东派本山本愿寺别院"的大字。当时寺院建筑是中国式的。1883 年 7 月 27 日，东本愿寺上海别院移往虹口武昌路 380 号，这是东本愿寺自建的，也是中国式寺院建筑。1898 年，才改建成西洋式的建筑。1908 年，东本愿寺将原寺院建筑专作校舍之用，建造新本堂。

东本愿寺上海别院发挥精神安息的宗教机能，除布教、施善外，积极实施各

十 六

溯源

种文化教育事业。1876 年 11 月，上海日侨仅有百余人。为了帮助他们解决医疗的困难，东本愿寺别院主持河琦显成与广业洋行支配人松尾已代治、有马天然代理人栗田富之助、三菱会社上海支配人内田耕作等 6 名代表，向日本政府提出《邦人医师渡航请愿书》，请愿派 1 名日本医生来上海为侨民医疗。其理由是：上海虽然有很多西洋医师，但日侨因语言不通造成就诊困难，此外，西洋医院高昂的医疗费用也使日侨不堪负担；中国医师的医疗费虽然相对低廉，但他们还未能熟练地运用西方医术。有一次，东本愿寺上海别院一名僧侣患病，到美国人医师那里看病，一次诊疗费为银 5 两，约合当时日本货币 7 元。而一般日本商店店员月工资为 3 至 4 元。日本人在上海患一次病，几次治疗，差不多要花掉一年的工资。这是他们不堪负担的。由于上海没有日本医师和医院，一些日侨患病后只能投宿田代屋旅馆，在那里进行疗养。1877 年 7 月上旬，作为上海最早的日本医生，早川纯瑕受日本政府委派在东本愿寺上海别院开设诊疗所，对日侨免医疗费，仅收取部分药费，日侨贫困者经领事馆证明，可全部免费。7 月 27 日，诊疗所正式开张。8 月 2 日，东本愿寺上海别院发出"日本本愿寺施医"的公告：

"寒燠不时劳役过度最易致病，在有力者固医药易措，而至哭病贫病交煎，本寺以济世利生为事，为此敦请我国高明医师来申在院施诊给药，每日 7 点钟起 10 点钟止。病重不能到院者，2 点钟亦可出诊，总以三里为限，礼拜日停诊，但有急病症明言，亦可随时疗治。"诊疗所开设后第一个月，就为 57 名日侨（男 46 名，女 11 名）、24 名中国人看病。当时在上海的日本人只有 110 人左右，差不多半数以上都接受过医疗。

当时上海的外国人有 2000 人左右，但是由于气候不顺、瘟疫流行，外国人患病者大量增加，8 月有 2 名外国人死亡，9 月外国人死亡人数达到 81 人。早川纯瑕医师的就任，使上海日侨有天旱遇慈雨之感。1878 年 3 月，早川纯瑕医师回国，继任者是大山雪格医师。1879 年 6 月 28 日，大山医师受日本领事馆委托，检验过投黄浦江自杀的日本人女性尸体。参与此项工作的还有东本愿寺上海别院诊疗所的医师伊藤梧一。

由于东本愿寺的日本佛教机构的文化功能，该院刚在上海设立，日本领事馆就立即委托其管理卡德路的日本人墓地。当时，东本愿寺上海别院和日本总领事馆之间签署了一份临时条约：

第一条　该地的除草清扫工作在临时条约签署生效并移交之次日起 5 个晴天后完成并由领事馆检查验收。以后不定期进行清扫以确保平时一贯的卫生整洁。每年向埋葬者收取的清扫费则捐赠给东本愿寺别院。其具体方法在相关定则书里约定，向领事馆申请并得到核准以后，按定则书规定执行。

第二条　该地看守人由东本愿寺别院指定，并对墓地实行严密守护。当扫墓者前来扫墓时，无论何时都须对其开放。当发生紧急事态，或周围的瓦墙发生破损时须及时向公馆通报。看守人的费用由别院承担，官方不参与。

第三条　领事馆负责向东本愿寺别院提供一小房间供看守人使用。如果该房间过于狭小需要扩建，或发生破损需要修葺，必须向领事馆申请，由领事馆统一指挥施工。别院不可擅自开工。

第四条　现阶段墓地中坟墓数量少，空地较多，在空地上现有的花草树木虽然尚不至于影响扫墓者行走，但须按照图纸所示，移植到道路两旁。

第五条　本地居留民中死后需埋葬于此，由领事馆指挥安排分别安葬于上、中、下三等墓地中。有关埋葬的具体事宜，由领事馆通知别院埋葬的位置及面积。领事馆将向别院提供已设定的墓地规则书复印件以及简图一份，以备事先掌握其中要领。

第六条　埋葬死者之际，根据死者的请求，要求东本愿寺别院进行葬送仪式时，可满足其意愿。如果死者本人没有强烈的愿望，则可以拒绝。尽管如此，如果僧徒愿意在别院为其作念经，亦无大碍。如果未经别院的葬仪而埋葬于此的坟墓，也应按一般规定进行清扫。

第七条　如果有开始埋葬于此地，其后要求回国改葬者，须得到领事馆的许可。同时，东本愿寺别院不可对此加以阻挠。

第八条　本年11月起到次年10月为止，东本愿寺须将死者的籍贯、姓名及年龄等详细资料汇总编册，并于每年11月提交领事馆。

墓地的清洁工兼看守人，月薪洋银7元，由品川忠道总领事等官民义捐。守护卡德路墓地的有中国人，其中一位叫阿福，其父早年就在那里工作，父亲逝世

红枫女史墓碑

后，他继承父亲职业，当上墓地看守人。卡德路墓地动迁后，阿福也随往闸北新墓地工作，直至1921年前后退休。子承父业，阿福的儿子也在闸北日本人墓地工作。

东本愿寺上海别院接管卡德路日本人墓地后，根据与领事馆制定的规则，马上编制灵簿。1872年，原葬在龙华的红枫女史以"妙瑞信女，俗名安田きぅ"的名字被列入日本人灵簿第1号。其原籍信浓国伊那郡饭田町，法名妙瑞信女，俗名安田きぅ。红枫女史的墓位于卡德路日本人墓地的上等地。

在卡德路日本人墓地内，有一个日本海军专用墓地，约有30个坟墓。最早的是死于1884年7月15日的"磐城"舰一等兵井上源次郎，其次是1903年10月20日死去的四等水兵河上喜作。死亡的海军30人，从墓碑上可以区分水兵所属军舰的状况，其中"爱宕"舰4名，"磐城"舰2名，"天城"舰4名，"大岛"舰1名，"筑紫"舰1名，"高雄"舰3名，"赤城"舰2名，"丰桥"舰1名，舰名不明的12名。根据水兵死亡的年月推测，日本军舰滞留上海港的时间："磐城""天城"在1884—1885年（明治十七、十八年），"筑紫""大岛"约在1897年（明治三十年），"丰桥""赤城""高雄"约在1900年（明治三十三年）。这些墓碑，也见证了清末日本军舰进入上海的历史。

十六

溯源

在宗方小太郎的日记里，亦有卡德路日本人墓地的少许记载。宗方小太郎（1864—1923），1884 年渡航来上海，进入东洋学馆学习。后来花了三年时间，独自历游中国北方九省，行程数千里，获取大量有关中国北方的经济、文化、军事情报。1886 年，荒尾精在汉口开设乐善堂分店，以"梁山泊聚义"的方法，聚集 20 多位在中国各地周游的日本浪人，宗方小太郎为其中一员。1890 年 9 月，宗方小太郎出任上海日清贸易研究所学生监督。1913 年 2 月 11 日，与岛田数雄、佐原笃介、波多博等人创立春申社，发行《上海周报》。1914 年，主持东方通信社，发行《东方通信》，中、日、英语版，日刊。1923 年 2 月 4 日，在上海病逝。

1888 年 8 月 24 日下午，宗方小太郎在日记里写道："与诸子同游申园，归途观日本墓所。"申园即张园，诸子即为在中国的日本浪人。

1908 年 12 月 5 日，"午后至日本墓地临席同文书院之建碑仪式，中村兼善等六位学生之碑石落成，有读经、祭文等仪式"。中村兼善是东亚学会的创设人之一。当时，上海是瘟疫高发地区，1907 年，东亚同文书院有 7 名学生患霍乱而死亡。在东亚同文书院的虹口临时校区时代，每年都十几个学生因病死亡。葬礼的那天，学校会把放点心的纸袋分给学生，以后学生一看到它就知道有同学去世了。

由于上海的日侨大多来自长崎，祭礼以长崎方式为主，长崎人把乡土的殡葬风俗移植到上海。在盂兰盆节，为寄托对亡者的思念，他们在"在墓前吊起灯笼，在下面铺上毛巾，将酒肴运来，然后，弹起三味线"。虽然这在日本国内是很正常的现象，但在租界上海，却受到西洋人的排斥，被视为"野蛮人"的行为。当时，与在卡德路日本人墓地上的风俗习惯一样，还有日本妇女在码头下船时，衣裙经常被大风吹起，白腿尽露，引起西洋人对日本服饰不文明的非议。还有不少日本人，"穿着棉帛的短单衣，系上一根三尺长的腰带，或者是光头戴上大森出产的麦秆草帽，光脚穿上木屐，嘎吱嘎吱地在虹口一带满大街地溜达着"。1890 年，鉴于一些日本人还是穿着传统的"奇装异服"到外滩公园游玩，影响了该公园关于游客必须衣着整洁的规则，工部局总董专门派员通知日本领事："除非他的国民衣着正派，否则将不允许他们进入外滩公园。"在新开辟的虹口公园，工部局也在门前挂上用日语写的告示牌："进入公园者必须穿西装或和服礼装"。这块日语告示牌，对日侨明显带有歧视的意味。因此，日本总领事曾多次发布居留民管理规则，要求日侨在与外国人一起生活的时候，注意他邦的礼仪和文明开化地域民众的生活习俗，不要做有损日本国民体面的事，如有违上海租界规定和文明准则，日侨必须改正，否则将受到处罚。对于卡德路日本人墓地的悼念方式，同样要求日侨应该符合都市文明。

　　日侨在上海的葬礼通常在东本愿寺、西本愿寺和本国寺进行，其形式有自宅出棺和寺院出棺两种，一般形式如下：读经以后，寝棺纳入由一匹或两匹马牵引的葬式专用箱马车，会葬者乘坐丧家提供的或自备的马车、人力车随之送行，贡品一般是花环，香料费在 1 元至 5 元。有关日本人在上海送葬的情景，作为新奇事，在上海的中文报纸和画报上有所披露。1881 年 3 月 20 日，《申报》的消息说："前日，上海日本寺内有日人患病身死，即于是日用外国载棺之马车载至本埠日本坟山安葬，并有男女数人、日僧 3 人前往送葬云。按日人葬事向来罕见，今此尚系创闻也。"在《点石斋画报》的"日人送葬"图中，可以从视觉上看到日本人送

十六

溯源

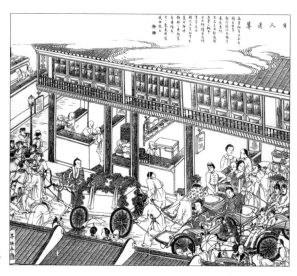

《点石斋画报》描绘的"日人送葬"

卡德路日本人墓地前的送葬情景

北 虹 口 : 历 史 与 风 景
BEI HONGKOU: LISHI YU FENGJING

东本愿寺法事后的僧侣与丧家

葬的场面：一名日本水兵军官在上海去世，百余名水兵在送葬队伍前面吹吹打打，运棺马车在中间缓行，旁边一日僧伴随，海军军官和驻沪领事分乘两辆马车压阵，其余人身着日本和服，乘人力东洋车前行。送葬队伍自西向北，经英租界往卡德路日本人墓地而去。

1905年12月17日，上海日本人俱乐部和实业俱乐部召开联合会议，决议成立日本人协会，作为上海日侨团结协调、增进福利的公共团体，同时负责经营日侨学校及日本义勇队、其他慈善救济事业。日本人协会成立后，接管了原先由东本愿寺管理的卡德路日本人墓地。

1907年9月1日，上海日本居留民团正式成立。同年10月12日，日本人协会宣布解散，其经营的事业全部移交日本居留民团。

近代上海，由于社会环境和卫生教育等方面的不尽如人意，造成各种传染病盛行，严重地危害人民身体健康和社会安定。在传染病流行年代，所有在上海生活的人都不能幸免，日侨也不能例外。

为了进一步加大卫生防疫的力度，日本居留民团在保健课中设立专门的防疫系和宣传系，防疫系主要负责患者家庭的消毒、患者收容、预防注射、种痘以及对饭店、酒家等饮食场所的卫生检查。宣传系主要负责传染病、结核病、性病的预防宣传。

自1939年起，日本居留民团将每年3月11日—16日定为"性病预防卫生周"，用讲演、电影、广播、报纸、宣传册等方式进行性病防治知识的普及性宣传。同年4月，在日侨中开展有关霍乱的预防宣传。1941年8月26日—28日，根据防疫委员会决议，召开由日本居留民团主办、领事馆警察协力的卫生讲演会，并放映有关电影，向日侨宣传防疫的卫生知识。

在加强防疫工作的同时，有关在闸北建立新的日本人墓地，特别是火葬场的事项，迅速被提上日程。为什么将位于英租界的卡德路日本人墓地撤离，而选择与虹口交界的闸北，这与日本人在虹口形成的街区有很大的关系。

当1873年日本领事馆移至虹口闵行路时，百老汇路（今大名路）周边都是一片农田，文监师路（今塘沽路）、吴淞路、北四川路都没有开筑。甲午战争以后，日侨开始集中在虹口地区发展，并以日本领事馆和东本愿寺上海别院为中心，在百老汇路、天潼路、南浔路、文监师路、乍浦路一带居住。第一次世界大战后，又向吴淞路、汉璧礼路（今汉阳路）、闵行路、密勒路（今峨眉路）、昆山路一带拓展。"那里满是本邦商店，出售着各种各样的日本商品，说其是日本小都市也不过分。"当时，该区域马路两旁是密集的日本商店，夹道内是散居在中国弄堂内的日侨住宅，所居房屋是中国式，但内部已经改建，成为"榻榻米"式。吴淞路区域满是日本商店，街头走动着日本人，日本广告也随处可见，充满东瀛特色，因而中国人将其称为"日本人街"。据1927年上海日本领事馆调查，吴淞路区域日侨有1997户、7582人，接近当时上海日侨总数的三分之一。

如果说代表虹口中部地区的吴淞路是日侨"土著派"商业街的话，那么，横浜桥以北的北四川路区域，即北虹口，就是日侨的高级住宅区。北四川路，现称四川北路，南起四川路桥，中经横浜桥，北至山阴路，西折至原淞沪铁路东侧与东江湾路相连，近似"S"形。上海开埠以前，这里原是上海、宝山两县交界处

十六

溯源

的乡野无名小河与农田。随着租界在虹口的设立及苏州河桥梁的架设和铁路的开筑，人口日增，渐成道路。1896年，公共租界在虹口购地建造租界义勇队靶子场，1905年又辟造虹口公园，北四川路也随之延伸到今虹口公园处。第一次世界大战后，日本银行、商社和纺织公司在上海激增，约80%公司职员居住在北虹口的公司住宅和公共住宅，形成新日本人街。在新日本人街生活的日侨大都是靠工资为生的公司职员，他们处于上海日侨社会的中高层，被称为"会社派"。1927年，连同邻近的闸北部分，北虹口新日本人街共有日侨2458户、7019人。

日侨的各种法事及追悼会，大多在上海的三大佛教寺院举行，除了东本愿寺以外，西本愿寺上海别院和日莲宗本国寺上海别院也都在虹口地区。

西本愿寺来中国开教虽然迟于东本愿寺，但其早在1895年就在本山开设"清韩语学研究所"，为适应开教作准备而进行语学研修。1906年秋，在上海借乍浦路123号民房开设出张所，设清国开教总监部，由大谷尊由任总监。1908年5月18日，移至文监师路英国公司建造的四层砖瓦房内。1922年9月，购入乍浦路、老靶子路（今武进路）转角的400坪土地，准备新建西本愿寺大堂，但因1923年日本关东大地震发生而中止。1931年5月20日，西本愿寺在已购的土地上建成本堂和会馆。本堂由第22代西本愿寺门主大谷光瑞发起和组织，聘请上海著名的冈野建筑设计事务所设计，以珍贵的印度佛教遗址为蓝本，建成"阿旃陀式"的奇特建筑，工事由日本岛津礼作工程所担当，费银5万两。会馆兼僧侣宿舍的建筑物在本堂左侧，是钢筋水泥四层建筑，也由日本岛津礼作工程所承建，工事费银10万两。

西本愿寺在上海新建的大堂和会馆，可与东京筑地的本愿寺相媲美。大堂和会馆的建成，为其从出张所的级别升格成别院创造了条件。果然，一年以后，西本愿寺上海出张所就如愿以偿地升格为别院。

日莲宗派的本国寺上海别院，前身是 1899 年 10 月由日本京都日莲宗妙觉寺的前贯首旭日苗师在上海乍浦路福兰里 447 号设立的"日宗宣教会堂"，1901 年改称"妙觉寺别院"。1904 年命名为本国寺别院，1922 年新建折中式的寺院建筑。

新的日本人墓地设立在闸北，主要是根据设立火葬场的计划而选择地方。火葬会产生异味，因此必须考虑到：既要融入日本人生活的虹口街区，也要避开居民集中的热闹都市；既要保证市民街区的空气干净，也要为日侨殡葬活动提供邻近的便利，所以选择在邻近虹口的闸北荒凉之地设立火葬场与墓地，这是上海日侨社会制定的一个相对周全的计划。

1906 年，以东本愿寺上海别院为中心，开始计划有关新墓地及火葬场的经营工作，1907 年进入实施阶段，同年 3 月 13 日，由东本愿寺上海别院主持莲琢了、本国寺上海别院主任杉山仁雅，与吴服及杂货的经营商喜多太助、古贺洋行经理古贺庄作、济生堂大药房开创人篠田宗平、杂货商山口宇平太、吉益医院院长吉益东洞等人发起，莲琢了为创立委员长，资本银 1 万元的法光株式会社成立。3 月 19 日，再次募集 560 股，资本金增加到 14000 元。4 月 23 日，法光株式会社为火葬场事项，在东本愿寺上海别院设立事务所。并召开股东总会。

1908 年 4 月 6 日，火葬场工事完成，由法光株式会社经营。负责此事的东本愿寺上海别院的工程监督村松觉夫专程到长崎作现地考察，设计最佳方案。火葬

十 六

溯源

设备也是参考日本国内最先进的产品后改进的。同时，在火葬场内建有送葬者休息所、薪炭仓库、棺马车及马厩等辅助设施。

1909 年 3 月 11 日，日本居留民团行政委员会为墓地移转等需要，提议建立身份保证人的制度。3 月 22 日，通过为设立新墓地借款 2 万元资金的议案。

关于闸北新墓地与火葬场，考察了好几个地方，1910 年，最后选定八字桥附近的一块河畔荒地，东近俞泾浦，南邻黄山路，西界西宝兴路，北濒柳营港。并向横滨正金银行借入 2 万元，投入各种设施。新墓地是作为法光株式会社火葬场经营的附属部分收购的，共 11605.7 元，1910 年 4 月，协议转让给日本居留民团经营。1911 年 1 月 13 日，日本居留民团行政委员会召开关于收购法光株式会社的会议，2 月 15 日，民团书记专程考察火葬场。3 月 27 日，居留民团制定了墓地、火葬场规则。4 月 1 日，接受法光株式会社的转交事项。4 月 7 日，向东本愿寺上海别院主持中岛支付收购法光株式会社的费用。此后，闸北日本人墓地与火葬场正式归日本居留民团管理。

1911 年 6 月 20 日，火葬场与新墓地建设工程采用招标形式，中国承包商周鸿兴以 5310 两的价格中标。周鸿兴的营造厂位于闸北八字桥。华人设立的上海救主堂附设昌世中学准备在狄思威路建造新校舍，也是由上海营造公司绘图监督，周鸿兴营造厂承包。

同年 6 月 30 日，火葬场与墓地工事开始动工建设。12 月 16 日，日本居留民团行政委员会讨论有关墓地火葬场规则的修订事项。12 月 23 日，卡德路日本人墓地开始向新墓地移葬，至 1912 年 2 月末，共移葬 866 体，墓石（碑）也全部移入

日本人火葬场

新墓场。1924 年，又建成庙宇式木结构大厅，设立焚尸炉与纳骨堂，大厅两侧置石狮一对，基座刻有"大正甲子"的字样。

1913 年 1 月 16 日，卡德路日本人墓地正式并入闸北新墓地。

20 世纪 30 年代，上海日侨社会有一个名为"上海历史地理研究会"的民间组织，聚集了一群对上海历史地理有兴趣的人们，调查上海的古迹、收集有关资料、举行演讲会、发行研究报告等。他们利用星期天，寻访上海的古迹及日本人墓地、外国人墓地、寺庙等，并由内山书店出版该研究会的刊物《上海研究》第一辑。其核心人物是毕业于京都大学英语专业的冲田一，其在调查以后撰写的《日本人墓地》(《沪上史谈》，1942 年）一文，记叙了闸北日本人墓地的历史与现状。此外，池田桃川作为侨居上海的中国文学研究者，关注上海无名的日侨人群，对闸北日本人墓地作了调查，在《上海百话》(1921 年）一书中，专门有"邦人墓地物

十六

溯源

语"的章节。这两篇文章，都是研究日本人墓地的史料。

在池田桃川的笔下，新墓地位于宝山县天通庵附近，在砖瓦墙围住的小城郭里，排列着高高低低的石塔，冰冷又寂寞。他去调查的时候，有一次是在冬天，在寒冷的阴云下，火葬场的烟囱高高地耸立着，没有风，没有车马的声音，也没有人的声音，他向埋葬在异国土地里的同胞默哀。

闸北日本人墓地及火葬场与八字桥相邻。八字桥所在区域的日本人墓地既是日军重要的前哨阵地，也是进行殡葬活动的主要场所。

日本人墓地

1932 年一·二八淞沪抗战爆发后，日本人墓地与火葬场关闭，3 月 2 日才复旧。日军在狄思威路（今溧阳路）原月之家花园的遗址设立临时火葬场，日本佛教团设火葬班，每天轮流派四五人进行遗骨的整理与服务。至 3 月 5 日，日军死伤 2417 人，日侨死伤 63 人。

在 1937 年八一三淞沪会战中，闸北日本人墓地作为主战场之一，不能使用。日军伤亡巨大，许多尸体都是就地火葬的，即使在战争告一段落后，也是如此。例如在 1939 年 3 月 20 日，日军在吴淞开辟轻便铁路时，忽触中国军队西撤时埋置的地雷，引发大爆炸，日军工程兵大丰等 30 余人被炸死，受伤者百余人。事后，日军用 4 辆卡车将伤者送往虹口各伤兵医院，而死者即就地火葬。日军的战死者遗骨临时埋葬在虹口西本愿寺相邻的空地，后来日本海军在杨树浦设立临时火葬场。

闸北日本人墓地和火葬场设立时，日侨仅 7000 多人，1939 年，达到 51000 多人。为了满足不断增长的日本人社会的葬仪需求，其进行大面积扩建，面积达 5200 坪，新筑斋场及添设新式火葬炉。1939 年 10 月 10 日，开始动工，年底建成，共花费 20 万元。

1945 年抗战胜利后，是年 12 月起，上海日侨陆续被遣返回国，至 1946 年 5 月，基本完成。仅剩几千人作为技术人员被国民政府各部门及相关工厂征用。但是作为敌产的日本在沪资本和日侨私人财产，国民政府全部予以接收，这既是行使战胜国的正当权利，也对中国在战后复苏经济、恢复国家与社会的元气有重要作用。

日本人火葬场作为敌产保留，但是日本人墓地与其他象征日本侵华的"忠魂碑"一样，被夷为平地。1945 年 12 月，日侨开始被遣送回国时，他们最放心不

十 六

溯 源

下的是闸北的墓地，因此，请与国民政府有密切关系的山田纯三郎出面，恳求中国方面对此予以保护。山田纯三郎虽与国民政府关系密切，但无力挽回闸北日本人墓地遭毁坏的结局。当他回到日本，向日侨讲述闸北墓地的石塔已成为铺路石，那里已建起"水道局宿舍"时，听者不禁失声痛哭。但是，他们不得不接受这样的一个事实："这也是受到罄竹难书损害的中国民众报复日本帝国主义的不可阻止的结果吧！"

抗战胜利后，上海市政府加强殡葬工作的管理，除了日常火葬、土葬、掩埋露尸外，致力于增辟墓穴及清理浮厝、整理墓场，征购墓地，其中的重要一项就是利用"敌伪火葬场"，即西宝兴路的日本人火葬场。当时，根据上海市卫生局调查，本市各殡仪馆、灵柩所，堆存积柩约15万具，已通知家属紧急疏散，如果在明年4月尚不再迁，即作无主柩论，予以火葬。但是卫生局所属火葬场仅静安寺公墓一处，那里只有一个焚尸炉，且每天只能火葬3具，因申请火葬人增多，以致有应接不暇之势。而当时火葬费，只收煤气费4万元，但一般殡仪馆向丧家收费200万元以上，此种非法暴利，实有取缔的必要。而西宝兴路的日本人火葬场场地极大，但由敌产处理局管理，准备标售，故上海市卫生局向中央信托局请求，将西宝兴路火葬场此项设备拨交地方主管的市卫生局利用，俾解决火葬的困难，中央信托局已表示同意。

1947年，在上海第一届参议会第三次大会上，市卫生局发出有关"西宝兴路日俘火葬场拟请中央无偿拨交市府改良利用，以提倡火葬而便清除积柩"的提案。其理由如下：

"查火葬不仅较土葬为卫生，且可避免土地浪费，无论在卫生或土地使用上言，均有提倡之必要，尤以沪市人口众多，死亡率甚大，公墓林立，与新都市计划原则不合，极应加紧限制公墓，提倡火葬。惟本市火葬场所，仅静安寺一处（哈密路为露尸集体焚烧场所，设备简陋，不能用作个别火葬），每日仅能火葬尸体三具，规模太小，不敷应用。西宝兴路日俘火葬场，有火葬炉六具，每日可焚烧尸二十余具，应可利用。且该场并非全属敌产，其中有一部分民地系敌伪占用，应补办征用手续，目前市库支绌，添建一设备较完善之火葬场，非数亿元不可，此项地方性建设，应请中央无偿拨交市政府接收改良利用，以利火葬。"此案在第三次大会第七次会议议决通过。

这项议案通过后，修理、改良西宝兴路火葬场，列入市政府的项目，费用经行政院批准，由市政府拨款。但因有驻兵未迁，久久不能动工。后经市卫生局与港口司令部数度洽商，始于 1948 年 4 月 26 日才将该场焚尸间腾让。6 月 23 日，上海市卫生局发出公告：为修理西宝兴路火葬场，公开招商承办该项工程。

西宝兴路火葬场归卫生局使用后，大规模推行火葬的方案得以运行，报刊发出"闸北火葬场接收，焚尸不必等挂号"的报道，称"本市'火葬场恐慌'已告解除，火葬尸体，亦不致暂搁殡仪馆中挂号等候。当此木棺及衣衾价格飞涨，贫民丧亡大可实行火葬"。

闸北的日本人火葬场从此正式改名为西宝兴路火葬场。

1949 年 5 月 28 日，上海市人民政府宣告成立。西宝兴路火葬场移交给市卫生局管理。当时上海市立的火葬场仅两所，即静安寺火葬场与西宝兴路火葬场。

后 记

　　以真实为前提，以知识为目的，以通俗易懂为方向，这是"上海地情普及系列丛书"的初衷，也是上海市地方志办公室打造的重要方志文化品牌之一。

　　本书是上海通志馆约请写作的上海地情普及书籍，非常荣幸能承担这一项目。《北虹口》与《江湾》《北外滩》将组成虹口历史与风景系列的三部曲。

　　感谢上海通志馆史志研发部主任吕志伟先生给予的信任与关照。

　　感谢虹口区地方志办公室原副主任冯谷兰女士。她是方志的内行，懂历史，知地情，有视野，事必躬亲、巨细靡遗。本书在写作过程中，得到她的多方帮助。

　　与《江湾》一样，本书的设计者依然是姜明先生。《江湾》的封面设计，得到读者的好评："看起来清秀、凝重又质朴，铁轨伸向远方，引人遐思。"本书封面的设计，于北虹口厚重的历史底蕴之上呈现一片亮色，视觉效果沉稳而有特色。

　　地名的形成，是社会发展的产物，也是人们获得认同感和凝聚力的重要标识。本书原名《北四川路底：历史与风景》，主要指以鲁迅公园为中心的地域，亦1945年设立的北四川路区范围。虽然"北四川路底"曾为大众口中耳熟能详，但至今已不为人熟悉，而"北虹口"更完整地涵盖虹口北部地区的地域范围，同时，为让更多对海派文化历史感兴趣的读者更好地了解上海以及虹口的历史地理知识，为此，将书名改为《北虹口：历史与风景》。感谢读者李女士的宝贵建议。

陈祖恩

2025 年 1 月 11 日

图书在版编目(CIP)数据

北虹口 : 历史与风景 / 陈祖恩著. -- 上海 : 学林
出版社，2025. -- (上海地情普及系列丛书). -- ISBN
978-7-5486-2065-5

Ⅰ. K925.13

中国国家版本馆 CIP 数据核字第 2025NF0439 号

责任编辑　胡雅君
整体设计　姜　明

上海地情普及系列丛书

北虹口：历史与风景

上海通志馆　主编

陈祖恩　著

出　　版　学林出版社
　　　　　（201101　上海市闵行区号景路 159 弄 C 座）
发　　行　上海人民出版社发行中心
　　　　　（201101　上海市闵行区号景路 159 弄 C 座）
印　　刷　上海雅昌艺术印刷有限公司
开　　本　710×1000　1/16
印　　张　14
字　　数　16 万
版　　次　2025 年 2 月第 1 版
印　　次　2025 年 2 月第 1 次印刷
ISBN 978 - 7 - 5486 - 2065 - 5/K · 252
定　　价　108.00 元

（如发生印刷、装订质量问题，读者可向工厂调换）